RETRIBUIÇÕES, PRÉMIOS E INCENTIVOS

FERNANDO NEVES DE ALMEIDA

RETRIBUIÇÕES, PRÉMIOS E INCENTIVOS

FERNANDO NEVES DE ALMEIDA

ALMEDINA

TÍTULO ORIGINAL
Retribuições, prémios e incentivos

AUTOR
Fernando Neves de Almeida

CONJUNTURA ACTUAL EDITORA
Sede: Rua Fernandes Tomás, 76-80, 3000-167 Coimbra
Delegação: LEAP CENTER - Espaço Amoreiras
Rua D. João V, n.º 24, 1.03
1250-091 Lisboa - Portugal
e-mail: editoras@grupoalmedina.net

CAPA
Paper Talk

PAGINAÇÃO
Aresta Criativa - Artes Gráficas

IMPRESSÃO E ACABAMENTO
FORMA CERTA

Janeiro, 2021

ACTUAL | GRUPOALMEDINA

Biblioteca Nacional de Portugal – Catalogação na Publicação

ALMEIDA, Fernando Neves de

Retribuições, prémios e incentivos. – (Fora de coleção)
ISBN 978-989-694-466-7

CDU 005

PREFÁCIO

Tendo eu uma formação de base, e depois profissional, muito orientada para os aspetos quantitativos e financeiros, parece pouco prudente aventurar-me a redigir o prefácio de um livro dedicado aos sistemas de remuneração e compensação. No entanto, com o decorrer da vida, cada vez mais me sinto fascinado por esta temática, e até acabei, quer por via académica quer profissional, por me envolver na temática.

Para uns a remuneração poderá corresponder somente à utilização do tempo despendido por alguém ao serviço de outro, usando para isso todo o seu conhecimento. Se o aplica ou não, isso é outra coisa. Recordam-se da piada do mecânico que, chegando a uma viatura empanada, aperta um parafuso e num minuto resolve o problema. Ao apresentar a fatura do serviço, pede €100 (mais IVA!). Perante tão absurda soma por um minuto de trabalho, o dono da viatura arranjada pede a fatura detalhada. E recebe-a: apertar o parafuso €1; saber qual o parafuso a apertar €99.

Mas a remuneração poderá ser vista num âmbito mais alargado, dizendo respeito à «arte» de alinhar interesses, aparentemente divergentes, entre o capital, por um lado, e a administração e o trabalho, por outro. E se bem que a remuneração não seja a única peça no alinhamento de interesses, ela é sem dúvida uma peça fundamental.

Uma das áreas académicas que me ocupam e que cruzam estas matérias é a das stock options ou sistemas de incentivos similares. Não terão de ser forçosamente remunerações em ações, pois podemos ver mecanismos que compensam, em dinheiro, o correspondente à valorização das ações. A sua utilização levou a perversidades que tiveram como consequência algum abrandamento no seu uso, mas, com sucessivas melhorias introduzidas na legislação e nos códigos de boas práticas, podemos corrigir o muito mal que causaram e reter o benefício de um direto alinhamento de interesses entre acionistas e administradores ou mesmo trabalhadores. A meu ver, é pena que as empresas não se empenhem na implementação deste tipo de compensações de forma mais generalizada, de modo a tornar as empresas unidades cada vez mais participadas pelos colaboradores, incentivando os mecanismos de sadia cooperação e criação de valor, e atenuando um exercício de conflito muitas vezes tão prejudicial a esse objetivo.

Também profissionalmente me fui aproximando desta área por ter começado a assumir responsabilidades em comités de remunerações num par de instituições. Aí constatei a dificuldade de, mais uma vez, exercer bem o difícil exercício do equilíbrio entre a compensação a estabelecer face ao desempenho que se avalia. Porque a dificuldade consiste em estabelecer os mais adequados incentivos face às variáveis que são controláveis pelo avaliado e, ainda, face às métricas usadas para tal.

Por isso, este livro encantou-me. Ele descreve-nos de modo muito profissional, com base em quem tem uma grande experiência na matéria e relações com muitos tipos de organizações, a literatura existente e as múltiplas alternativas.

Isto é, um livro onde aprendi muito e onde, estou certo, quer os noviços neste assunto, quer os mais experientes, podem encontrar aprofundamento. A cobertura da área é, sem dúvida, excelente.

Parabéns ao autor.

João Duque

AGRADECIMENTOS

Quero começar por agradecer à minha colega da Boyden, Rita Amaral, pela sua importante contribuição para os dois últimos capítulos.

Quero, também, agradecer à minha sobrinha e afilhada Teresa Monteiro, brilhante MBA de Harvard, pelos seus comentários inspiradores, que me levaram a melhorar as minha ideias iniciais e, espero, a escrever um livro melhor.

É a ela que, também, dedico este livro.

INTRODUÇÃO

Um dos problemas de qualquer sociedade é, e tem sido, o problema da distribuição da riqueza. Obviamente que virá depois do problema da criação da riqueza, uma vez que sem criar riqueza, nada há para distribuir. No entanto, aquilo que gera tranquilidade, ou intranquilidade, social e que põe regimes políticos em causa, em sociedades onde existe riqueza para distribuir, prende-se, essencialmente, com a forma como essa riqueza é distribuída.

Uma das formas de distribuição da riqueza é através de uma política salarial justa, na qual o sistema em que assenta permita remunerar adequadamente, e de acordo com a sua contribuição, todos os que foram instrumentais para a criação dessa mesma riqueza, sejam eles empresários, sejam eles empregados. O pressuposto deste livro assenta na crença de que a meritocracia, como forma de distribuição da riqueza, é o melhor sistema para criar uma dinâmica de produtividade superior a qualquer outra abordagem, não só porque é o sistema que permite remunerar mais equitativamente (maior mérito, maior remuneração, menor mérito, menor remuneração; maior responsabilidade, maior remuneração, menor responsabilidade, menor remuneração), mas também porque garante um maior incentivo para as pessoas se esforçarem mais, garantido maior remuneração a quem o faz.

Como é óbvio, o sucesso económico de um sistema organizacional, seja ele qual for, não depende só da existência de meritocracia. Antes disso, dependerá da capacitação e da formação de todos os agentes intervenientes, empresários ou empregados. No entanto, não é esse o tema deste livro.

Ao longo do livro, começando por dar um contexto histórico de como as remunerações e incentivos apareceram, como tópico de gestão de uma forma mais generalizada, iremos dar uma ideia de como são determinados os níveis salariais numa determinada sociedade. Essa explicação tem como base o funcionamento de uma economia de mercado, em que são a oferta e a procura a determinar o preço a pagar por determinado bem ou serviço, neste caso o trabalho. Em países com sistemas políticos mais centralizados, o mecanismo não será exatamente este, uma vez que o Estado intervém na determinação dos salários, distorcendo (para mais ou para menos) o que seriam os salários «naturais».

E porque estamos num contexto de incentivos ao desempenho, não poderiam deixar de ser apresentados os fatores psicológicos que influenciam a forma como as recompensas são percecionadas, e que influenciam o próprio desempenho. Motivação, dito de uma forma simples: o que faz as pessoas quererem fazer mais e melhor (ou não).

Mas porque o contexto deste livro é a meritocracia, não poderia deixar de ser analisada a forma como se avalia o desempenho: que sistemas e pressupostos devem ter os processos de avaliação de desempenho que devem estar na base de qualquer sistema de incentivos. Embora a avaliação de desempenho não sirva só para questões de remuneração variável, ela é fundamental para a sua existência. Não existe sistema de incentivos eficaz sem que a forma de medir o desempenho seja correta.

Seguidamente, será dada uma explicação de como são, geralmente, as estruturas remunerativas nas organizações e como, internamente, se garante equidade interna na hora de determinar quanto ganha cada um.

Mas como implementar, na prática, sistemas de incentivos nas organizações? Qual é a validade dos mesmos? Como adaptar a cada função específica? São perguntas que serão também respondidas. Será apresentado um modelo prático de como implementar um sistema de incentivos que funcione.

Finalmente, será abordado o tema dos administradores executivos e das suas remunerações, assunto muitas vezes mal compreendido por tanta gente.

Já Peter Drucker (grande teórico da gestão) dizia: as pessoas não se comportam como nós gostaríamos que se comportassem; comportam-se como nós as incentivamos a se comportarem. Esperamos que a leitura deste livro lhe dê uma maior compreensão de como isso pode ser feito.

CAPÍTULO 1
Algumas considerações históricas

Neste capítulo iremos abordar, de uma forma muito sucinta, a evolução do trabalho desde a Idade Média aos dias de hoje. Também veremos como evolui o conceito de retribuição pelo trabalho, desde pagamento à jorna, ao pagamento por peça até à mais recente e atual remuneração fixa mais bónus. No final do capítulo serão apresentados alguns planos de incentivos, criados por alguns teóricos e práticos da gestão que, ainda hoje, inspiram políticas remuneratórias nos meios fabris. Por último, faz-se uma referência ao aparecimento da teoria das relações humanas, que mais não é do que o conhecimento precursor da consideração de variáveis motivacionais no processo de gestão de pessoas, como apresentado num capítulo mais à frente.

A história dos salários/recompensas acompanha a história da Humanidade. Desde sempre que o Homem tem de trabalhar para sobreviver. Seja para comer, seja para procurar ou construir abrigo, seja mesmo para guerrear, o Ser Humano enfrenta desafios que só com determinadas atividades podem ser ultrapassados. É a luta pela sobrevivência e pela conquista de meios de subsistência, que tem sido a força impulsionadora por detrás de todas as mudanças sociais e económicas. As guerras e as revoluções têm tido como razões diretas a religião, a política, o fanatismo racial ou outros ideais; mas, se virmos bem, quantas vezes na base desses acontecimentos não estão pessoas desesperadas por comida, segurança, em suma, dignidade humana?

A luta que existe entre o que temos e o que queremos ter é algo que existe desde sempre. Em alguns países da Europa, a revolta dos camponeses contra o sistema feudal, o servilismo, no século XIV, é bem um exemplo disso. As rápidas mudanças nos finais dos séculos XVIII e XIX, a concentração das pessoas em fábricas e vilas fabris, são acompanhadas de um crescimento da exploração do trabalho humano que, pela dimensão que toma e pela concentração populacional existente, leva a confrontos, mesmo físicos, e aos primórdios da grande desconfiança que se vai vendo crescer entre o patronato e os trabalhadores. É o aparecimento dos sindicatos, das greves, dos grandes confrontos e a génese, inclusive, de algumas revoluções.

A história da relação entre «patrões» e «trabalhadores» na Europa Ocidental, pelo menos, pode ser dividida em três grandes eras. Não existe uma separação rígida entre elas, nem tão-pouco, uma linha temporal divisória igual em todas as geografias. Foi e é, antes, um processo lento e gradual. Falamos da passagem de uma sociedade mais dependente da agricultura, com a sua organização social e económica feudalista, para o aparecimento de outras formas de produção mais ligadas ao surgimento da Revolução Industrial. Diria que a primeira fase começa a terminar em meados do século XVIII, sendo que as mudanças sociais e económicas se começam a sentir e a produzir os seus efeitos a partir daí. A segunda fase começará a terminar pelos finais do século XX, e ainda estamos a avaliar que mudança mais profunda irá trazer. A terceira Era, a Era da Internet, mais uma vez traz desafios e mudanças não antecipados e vivemos hoje, talvez, o período de mudança mais caótico e acelerado de sempre.

Claro que pelo mundo as várias eras referidas coexistem hoje. Temos sociedades predominantemente agrícolas, outras mais industriais e outras mais de conhecimento e serviços. Como sabemos, a luta entre aquilo que o homem tem e aquilo que o homem quer é muito maior nas primeiras do que nas últimas.

Mas analisemos a primeira era: o feudalismo.

1.1. DO FEUDALISMO À REVOLUÇÃO INDUSTRIAL

O feudalismo na Europa compreende o período da Idade Média, a partir da descentralização do Império Romano, tendo surgido entre os séculos IX e X na Europa Ocidental. As características gerais do feudalismo são o poder descentralizado, a economia baseada na agricultura de subsistência, o trabalho servil e a economia sem, ou com pouco, dinheiro e sem comércio, no qual predomina a troca.

A sociedade feudal era composta por três classes: os nobres (guerreiros), o clero (religiosos) e os servos (mão-de-obra). O que determinava o *status* social era o nascimento, no entanto, não se pode dizer que a mudança de classe social não existisse, pois, alguns camponeses tornavam-se padres e passavam a integrar o baixo clero, por exemplo. Mas essa mudança era rara e um servo dificilmente ascenderia a outra posição. Havia também, entre os nobres, uma relação de suserania, na qual um nobre (suserano) doava um feudo a um outro nobre (vassalo), que era quase o que hoje seria um *franchising* de terra.

Existiam ainda os homens livres, que formavam uma classe especial, distinta do clero, da nobreza e dos servos. Não estavam sujeitos à servidão, eram geralmente donos de alódios (terra cujo proprietário detém a sua posse absoluta, propriedade mantida com absoluta independência, sem estar sujeita a qualquer arrendamento, serviço ou reconhecimento de um superior) e detinham diversos privilégios, como a isenção de alguns tributos, direito à justiça do rei, capacidade de participar em tribunais e ser alistados entre os homens de armas, podendo eventualmente chegar a ser ordenados cavaleiros, e podiam ter servos e atuar como agentes administrativos de feudos, ou arrendá-los privadamente. Muitos viveram nas cidades como membros da burguesia e em algumas regiões da Europa eram vistos como o estrato inferior da nobreza.

A produção feudal da Europa Ocidental tinha por base a economia agrária, de escassa circulação monetária, autossuficiente. As estimativas de renda *per capita* da Europa feudal colocam-na num nível muito próximo do mínimo de subsistência. Devido ao carácter expropriador do sistema feudal, o servo não se sentia estimulado a aumentar a produção com inovações tecnológicas, uma vez que tudo o que produzia de excedente era tomado pelo senhor. Por isso, o desenvolvimento técnico foi pequeno, limitando os aumentos de produtividade. Já aqui se entendem os efeitos dos incentivos (ou da ausência deles) na produtividade.

Esta economia, dominantemente feudal, começa a sentir as principais alterações durante os séculos XIII e princípios do XIV, com o cada vez maior número de homens livres: pessoas que trabalhavam por um salário. E os senhores feudais nem sempre eram avessos a isto. Por vezes era melhor ter a flexibilidade de contratar mais ou menos pessoas (segundo as necessidades) para manter as suas terras do que ter de depender unicamente dos servos que, muitas das vezes, executavam com contrariedade o seu trabalho. E assim, o trabalho remunerado passa, aos poucos, a ir substituindo a relação de servidão. A isto também não foram alheias as pestes que dizimaram grande parte da população. Em certos locais, cerca de 50% da população desapareceu, e alguns países sentiram, pela primeira vez, o efeito da escassez da oferta na determinação dos salários. Imagino que, por essa altura, da peste negra, os salários tenham atingido níveis nunca antes vistos. Em Inglaterra, por volta de 1380, foi mesmo aprovada uma lei cujo objetivo era limitar os salários, o que deu origem a uma revolta de camponeses em 1381. Talvez uma das primeiras tentativas de controlar os mercados, por parte do Estado.

A vida, que por essa altura acontecia à volta de castelos, mosteiros e vilarejos, como dito acima, era essencialmente baseada na agricultura. No entanto, para além dos trabalhadores agrícolas, havia uma classe de artífices (ferreiros, pedreiros e carpinteiros) cuja dimensão e influência foi aumentando à medida que a concentração humana foi acontecendo. Embora alguns fossem servos e recebessem em géneros e/ou salários, muitos vendiam o seu trabalho no mercado e começaram a aparecer como pequenos empresários. Em alguns países, a influência destes artífices cresceu ao ponto de se associarem em organizações de classe, tão poderosas como tendo o poder de fixar preços e salários, definir padrões de qualidade, controlar o acesso à profissão e, mesmo, servir de interlocutores com os políticos de então.

Por altura da revolta dos camponeses acima referida, estima-se que a agricultura produziria cerca de 50% do PIB de então, na Inglaterra, contra 75% ou mais cerca de um século antes. Isto dá-nos uma ideia de como as outras profissões começaram a ter relevância na organização da atividade económica. Também por estes anos, cada vez mais «mão-de-obra» livre fluía para as cidades ou outros aglomerados urbanos. Daí a importância e relevância das profissões e o surgimento de novas. Segundo o historiador António Castro Henriques, em 1304, no arcebispado de Braga, havia 13 profissões sujeitas ao dízimo; em 1331, 21, em Évora; em 1441, no arcebispado de Lisboa, 52; e, na jurisdição de Tomar, em 1457, 74. Ainda segundo o mesmo historiador, na Évora do século XV, registavam-se 124 profissões: 19 agrícolas, 74 industriais e 31 nos serviços.

Os finais do século XIV e todo o século XV, na Europa Ocidental, trazem um aumento do número e do bem-estar desta nova classe de trabalhadores e mercadores. Em termos de organização económica surgem padrões, de certa forma familiares, na atualidade. O comerciante, fornecedor de capital e organizador, por um lado; o artífice trabalhador, por outro. E no campo, cada vez mais um conjunto de trabalhadores não qualificados a trabalhar à jorna.

Uma das características de operação destes primeiros «empresários» artesãos, era utilizar a sua própria casa como «fábrica» onde trabalhavam os seus empregados e aprendizes, cujas ferramentas necessárias eram fornecidas pelo «patrão». Com a expansão dos negócios, este sistema começa a ser incomportável e estes bem-sucedidos «capitalistas» passam a empregar as pessoas nas casas delas, sendo também elas as responsáveis pelo fornecimento dos meios de produção necessários, com exceção da matéria-prima. Os salários eram, essencialmente, baseados no trabalho à peça. Este tipo de organização aplicava-se, na Inglaterra, essencialmente na área dos lanifícios. Durou séculos e sobreviveu, em alguns casos, mesmo à Revolução Industrial.

Como podemos constatar, nos primórdios deste «capitalismo» já se percebia o tema dos incentivos. Produz mais, ganha mais. E o que é facto, é que estes séculos, embora a qualidade de vida não fosse como a que hoje conhecemos, representaram um incremento da qualidade de vida, muito para além do que uma economia puramente feudal tinha conseguido, em séculos anteriores. Quer em termos de inovação, quer de produtividade, se forem os «senhores» a apoderarem-se de todos os ganhos de produtividade, porque é que os trabalhadores se empenharão?

Mas ainda não tinha surgido o conceito de fábrica. Até aqui, a organização do trabalho era quase a de trabalhadores independentes que trabalhavam para outros mais bem-sucedidos, quer por terem acesso a mais conhecimento, contactos ou mesmo matérias-primas. Seja como for, essas pessoas vendiam a sua produtividade, quer ao dia, quer à peça.

Assim, durante estes séculos, embora continuasse a existir um sistema feudal onde muitos trabalhavam na agricultura e pagavam por esse direito, o conceito de salário bem como de pagamento por resultados começava a ter mais expressão. Os salários iam sendo determinados pela oferta e pela procura, mas quando a confusão se começava a instalar, eram os poderes públicos locais, regionais ou nacionais que fixavam valores. Por essa altura, a fixação de valores referia-se, essencialmente, a valores máximos, ao contrário de hoje, em que o que é fixado são os valores mínimos.

1.2. OS ÚLTIMOS 250 ANOS

Grandes mudanças ocorreram a partir da segunda metade do século XVIII. A principal causa que despoletou essa mudança foi a invenção da máquina a vapor e a aplicação dessa tecnologia a várias áreas de atividade, com especial destaque para os transportes e a indústria. Os países evoluíram ao ritmo da criação de novas vias de comunicação e começam a surgir verdadeiros pólos industriais e comerciais em localizações bem servidas de transportes.

Também a população, devido a melhorias na área da prestação de cuidados de saúde, vai aumentando consistentemente. Assiste-se, assim, ao aparecimento de duas grandes forças económicas que, durante algum tempo, foram evoluindo a par. Uma foi o grande aumento da produção industrial devido à aplicação da inovação às indústrias. A outra foi o aumento da população que, se por um lado ia fornecendo a mão de obra necessária, por outro, consumia aquilo que era produzido.

Mas este equilíbrio cedo deu lugar a um desequilíbrio, quando as pessoas passaram a ir para as zonas das cidades e onde as indústrias foram surgindo.

Os efeitos da Revolução Industrial, no Ocidente, fizeram-se sentir, essencialmente, na Grã-Bretanha, e para lá do Atlântico, após a guerra civil, nos EUA.

Com a expansão da indústria numa direção e escala diferentes, tornou-se impossível para muitos empresários terem os fundos necessários para o investimento, máquinas e outro capital fixo para gerirem os seus negócios. O dinheiro era, assim, fornecido pelos donos do capital ou pela banca. Por esta altura surgem as grandes empresas como hoje as conhecemos.

Esta nova estrutura de negócios permite grandes aumentos de produtividade e cada vez maiores concentrações de trabalhadores, com todos os problemas de higiene derivados da falta de infraestruturas, como existem nos dias de hoje. Essa afluência de recursos também não fez os salários subirem, uma vez que a oferta era maior do que a procura. Em alguns casos, mesmo quando os salários eram definidos por algum tipo de autoridade local ou nacional, eram-no em termos de salário máximo e não mínimo, como atrás já referi.

Se, por um lado, a Revolução Industrial veio contribuir para uma melhoria da condição média de vida no mundo, nos seus primórdios, muitos e muitos trabalhadores foram explorados, sofreram, foram tratados indignamente, já para não falar dos casos específicos das mulheres e crianças.

Uma das lutas dos trabalhadores de então era a questão da duração da jornada de trabalho. Lutava-se pelas oito horas diárias, por oposição a dez ou, mesmo, mais horas diárias que os trabalhadores tinham de aceitar.

E a forma de luta acabava por ser a greve, mais ou menos violenta, a única forma de os patrões levarem em consideração estas questões. Temos de considerar que se vivia numa época em que a consciência social não era propriamente um bem «público». Quem era rico, porventura, considerava que merecia e que os pobres o eram por vontade própria ou merecimento, também. Também não se sabia, então, que nem sempre trabalhar mais horas implica mais produtividade.

Pelo final do século XIX, a estas novas descobertas científico-tecnológicas aplicadas à atividade económica começam a surgir práticos e académicos a teorizar como é que se devem organizar as pessoas e os processos produtivos, para tirar mais partido da tecnologia. Um dos pioneiros deste campo da «organização científica» do trabalho foi F. W. Taylor que apresentou, em 1884, nos EUA, o *paper* que refletia a sua ideia de pagamento por mérito, em função das quantidades produzidas em processos repetitivos. Embora o pagamento variável não fosse uma novidade (como dito atrás, há vários séculos que existia), combinar um salário com incentivos era, de facto, uma inovação na teoria da gestão.

Por essa altura apareceram algumas ideias sobre como incentivar a produtividade em contexto fabril. Para se ficar com uma ideia de como se começaram a sistematizar estas temáticas dos incentivos, passamos a apresentar alguns exemplos. Seguem-se os escolhidos:

Tipos de sistemas de incentivo salarial: 1) Plano *Halsey Premium*; 2) Plano *Rowan Premium*; 3) Sistema de índice diferencial por peça de Taylor; 4) Plano de Eficiência de Emerson; 5) Plano de índice de peças múltiplas de salário diferencial de Merric.

Tipo 1. Plano *Halsey Premium*

Este plano criado por F. A. Halsey é igualmente conhecido pela designação de Plano *Weir Premium*, devido ao facto de ter sido inicialmente aplicado na empresa britânica, de nome Weir.

De acordo com este plano, é fixado um tempo *standard* para a execução de uma determinada tarefa, tendo por base registos com a experiência de anteriores desempenhos e não na sequência de um elaborado e propositado estudo. Ou seja, determina-se um padrão com base na experiência e não em estudos de tempos e movimentos, que na altura estavam muito em voga.

Um colaborador que complete a tarefa num tempo inferior ao *standard* é pago no seguimento da tabela que fixa o tempo em questão e que ele efetivamente usou, acrescido de um bónus pelo tempo que poupou.

Este bónus é calculado à taxa horária no quadro de uma percentagem, usualmente 50, do tempo que poupou. Um colaborador que não cumpra a tarefa no tempo *standard* não é penalizado, todavia é remunerado de um modo que não vai além do mínimo garantido. Assim, com um *standard* de 50 unidades por hora e um índice-base de pagamento de remuneração de um por hora, um colaborador que produza com um rendimento de 30 unidades por hora no quadro de uma jornada diária de oito horas receberia uma remuneração de oito, ou seja, 1 × 8. Este valor representaria o mínimo garantido, uma vez que o trabalhador nem sequer atingiu a produtividade normal.

Contudo, se o colaborador produzir a um ritmo de setenta unidades por hora, essas 20 unidades extra por hora representam um acréscimo de 40% em relação ao *standard*. Desta forma, no final de uma jornada de oito horas, ao invés de ter produzido as 400 peças que seriam o *standard*, teria produzido 560 unidades, ou seja, 70 × 8, o que significa um aumento de 40%. Para cálculo do seu rendimento diário ir-se-ia majorar o seu salário dia de oito em metade do aumento da produtividade, ou seja, metade de 40%, logo 20%. Assim, ganharia 8 + 20% de 8, que seria 9,6.

Deste modo, com um incremento de 40% de produtividade, o colaborador recebe um incentivo de 20%, uma vez que o bónus é bipartido.

<u>Méritos do Plano *Premium Halsey*:</u>

1. Cada colaborador tem um salário mínimo garantido.
2. O sistema tem um racional.
3. Os colaboradores são estimulados a incrementarem a produção.
4. O sistema é de mútuo proveito, para os funcionários e para os empregadores.
5. Este sistema é simples e eficaz.

Embora este plano de incentivo tenha as vantagens acima enumeradas, o facto de existir um salário mínimo garantido, desde que o seu valor não seja muito baixo, pode sempre permitir a acomodação de alguns trabalhadores menos ambiciosos. No entanto, é melhor do que o seu contrário, ou seja, nada.

Tipo 2. Plano *Premium Rowan*

Este plano foi criado por James Rowan. De acordo com este método, o tempo *standard* é determinado do mesmo modo que no plano Halsey. Os colaboradores que completem o trabalho dentro do tempo *standard* são pagos de acordo com o valor *standard*. Aqueles que o façam em menor tempo recebem o valor-base horário acrescido de um bónus, aplicado ao período das oito horas. Este bónus é calculado na proporção do tempo poupado.

Neste sistema o cálculo do bónus é efetuado da seguinte forma:

Bónus= tempo poupado/tempo *standard* × tempo real despendido × taxa horária

Exemplo:
Tempo *standard*= 10 horas
Tempo despendido = 8 horas
Taxa de bonificação= 1 por hora

Solução:
Salário de 8 horas = 8 × 1 = 8
Bónus = 2/10 × 8 × 1 = 1.60

Daí, o total salarial das oito horas é 8 + 1.60 = 9.60

Na página seguinte mostramos um gráfico que mostra o valor do bónus em função do tempo poupado.

Como se pode observar pelo gráfico, o valor máximo do bónus que qualquer trabalhador pode atingir são 2,5. Assim, o salário total máximo serão 8 + 2,5, ou seja 10,5. E para isso, ele teria de produzir em 8 horas aquilo que em termos *standard* demoraria 13 (para assim obter uma poupança de 5 horas o que lhe daria o bónus máximo). Existe, assim, uma produtividade que não lhe interessa exceder, uma vez que não beneficia por isso. Por outro lado, evita os «erros» da «pressa a mais» na produção.

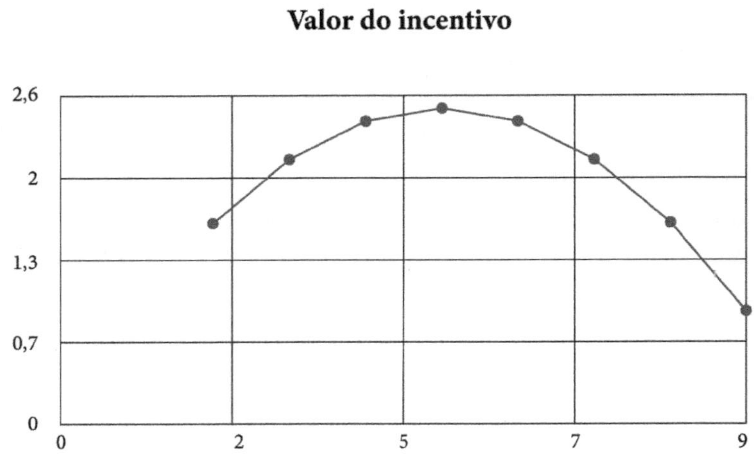

Alguns dos problemas do Plano *Premium Rowan* são:

1. No quadro deste sistema, o bónus é sempre colocado em decrescente proporção, visto que o tempo poupado pelos trabalhadores tende a crescer e o tempo *standard* será reduzido. Isto porque, como se lembrarão, o tempo *standard* é calculado com base no histórico e está sempre a ser atualizado.
2. O sistema é difícil de ser entendido. Nesta medida, os colaboradores tendem a não o apreciar particularmente.
3. Devido à garantia de uma retribuição mínima, pode acontecer que os trabalhadores não se sintam suficientemente motivados, especialmente tendo em consideração o primeiro fator apresentado.

Tipo 3. O sistema de índice diferencial por peça de Taylor

Este sistema foi criado por F. W. Taylor, e de acordo com o sistema em apreço, o tempo *standard* de cada trabalho é determinado com base no estudo da duração e do movimento associados a cada passo do processo produtivo. Duas taxas de bonificação são assim definidas: uma superior e uma inferior. Os colaboradores, que completem a tarefa no tempo *standard* ou que o antecipem são retribuídos pelo valor superior. Por outro lado, aqueles que excedam o tempo *standard* são pagos de acordo com o valor inferior.

Características-base do sistema de bonificação diferencial:

Exemplo:
Tempo *Standard* = 10 unidades diárias
Valor superior = 1.00 por unidade
Valor inferior = 0.80 por unidade

Solução:
Imaginemos que um trabalhador produz 12 unidades diárias, ganhará 12 por dia. Se produzir, por exemplo, 5, ganhará 5 × 0,8, ou seja 4.

Méritos deste sistema:

1. Este sistema ajuda a reduzir o custo unitário de produção.
2. Este sistema é baseado em cálculos «científicos» de estudo de tempo e movimentos.
3. Recompensa os trabalhadores eficientes e penaliza os que não o são.
4. Este sistema auxilia na eliminação dos colaboradores de significativa ineficiência, pois com o decurso do tempo tenderão a buscar outro emprego.
5. Este sistema é muito simples de entender pelos trabalhadores.

Tipo 4. Plano de Eficiência Emerson

Este plano foi criado por Hemington Emerson. De acordo com este plano de incentivo salarial, as retribuições são pagas de acordo com o índice *standard* e o valor do bónus pago aos colaboradores depende da eficiência individual. Segundo este plano, as ferramentas e os equipamentos encontram-se uniformizados e os tempos *standard* para cada tarefa são definidos, sendo-o de modo a que o trabalhador médio possa findar o trabalho no tempo estabelecido.

A eficiência laboral é determinada na proporção do tempo efetivo despendido face ao *standard*.

Emerson tinha a opinião de que o trabalhador normal apenas atingia 67% do *standard* produtivo, como tal, aqueles que excediam tal valor deveriam ser recompensados mediante um bónus. O valor desta bonificação é incrementado de acordo com os tempos registados.

Se um colaborador tem um desempenho abaixo do esperado, nenhum bónus deverá ser pago. O bónus é calculado em função da ideia de que a base deverá ser na ordem dos 20% da retribuição diária, no caso da eficiência exceder os 100%. No caso de ser 10% acima dos 100%, o bónus será de 20% + 10% = 30%. Do mesmo modo, a taxa de bonificação será de 40, 50 e 60% com um desempenho a 120, 130 ou 140%. Caso não alcançasse os 100% não haveria lugar a bónus.

Tipo 5. Plano de índice de peças múltiplas de salário diferencial de Merric

Este sistema é uma melhoria do introduzido por Taylor.

Segundo este plano, três índices de bonificação são definidos ao invés de dois:

1. Até ao limite de 80% do desempenho *standard*.
2. Até ao limite do desempenho *standard*.
3. Acima do desempenho *standard*.

De acordo com este plano, os colaboradores que atinjam 80% do *standard* produtivo recebem a retribuição mínima, sem que tenham bónus. Aqueles que atingem desempenhos entre 80 e 99%, recebem um bónus de 10% em acréscimo à retribuição. Os que atinjam 100% recebem um adicional de 10% de bónus.

Embora, porventura, não tenham sido os primeiros planos de incentivos aplicados à produção, foram, talvez, os primeiros divulgados e aplicados de uma forma mais sistemática.

No início do século XX, também se começou a dar atenção a outro tipo de incentivos que não os monetários. Elton Mayo, um psicólogo americano do trabalho, descobriu, de alguma forma, acidentalmente, que existiam outros fatores para além dos incentivos financeiros e das condições físicas do trabalho que influenciavam a produtividade.

A experiência de Hawthorne foi um estudo realizado por Elton Mayo, entre 1924 e 1932, numa fábrica da Western Electric Company, em Hawthorne. O objetivo inicial destas experiências era o de determinar como as mudanças nas condições de remuneração e de trabalho (iluminação, temperatura, períodos de descanso, fadiga, etc.) influenciam a produtividade das pessoas no trabalho. Para isso é efetuada a subdivisão de uma linha de montagem de rebobinagem em duas partes: numa são efetuadas alterações nos horários, no nível de luminosidade, nos tempos de descanso, etc., enquanto a outra é mantida como grupo de controlo.

Tal como o esperado, a suposição de que a produtividade aumentava com a melhoria das condições de trabalho confirmou-se nestas experiências. A grande surpresa ocorreu quando os investigadores observaram que a produtividade também aumentava quando as condições de trabalho eram deterioradas, ou seja, quando lhes eram retiradas todas as «benesses» e repostas as condições iniciais.

Chegou-se assim à conclusão de que as relações humanas e o ambiente de trabalho que daí resulta e a criação de laços entre os operários que se sentiam observados por uma administração preocupada com o seu bem-estar são, também, muito importantes para o aumento da produtividade. Aquelas pessoas achavam que deviam corresponder à preocupação que a empresa estava a demonstrar para com o seu bem-estar e, assim, independentemente das condições de trabalho, sentiam-se «obrigadas», voluntariamente claro, a produzir mais.

Surge assim uma nova visão que os gestores começam a trazer para a gestão das empresas, que é a de encararem as questões dos incentivos de uma forma mais abrangente. Os trabalhadores não se movem só por dinheiro, mas antes por um conjunto de incentivos, dos quais o dinheiro é parte importante, como seja o respeito e preocupação com que são tratados, o ambiente social do trabalho, a autonomia, etc.

O século XX apresenta-se como o período, por excelência, de melhoria contínua no que respeita à gestão de pessoas. A psicologia aplicada à gestão avança na medida em que se provam, com melhorias de produtividade, novas práticas de gestão de recursos humanos, em que se olha para as pessoas como seres complexos em relação aos quais o dinheiro é apenas mais um elemento que condiciona a sua motivação. Por outro lado, com a emergência da Internet, a própria filosofia de organização do trabalho sofre alterações radicais, se comparadas com os padrões de organização do trabalho do passado. Em muitos casos, os postos de trabalho são remotos, com todas as implicações em termos de metodologias de controlo e de incentivos adaptadas a essa realidade.

Também ao longo do século XX a tipologia dos sectores de atividade, nos países mais desenvolvidos, foi evoluindo: a agricultura vai diminuindo de importância para a indústria e, posteriormente, a indústria vai perdendo a predominância para os serviços. A própria indústria vai sofrendo grandes alterações relativamente às exigências de especialização, passando de atividades altamente padronizadas e repetitivas para a exigência de uma maior mestria na utilização das tecnologias de produção disponível.

Em suma, dois fatores evoluíram nos últimos 250 anos de uma maneira nunca antes vista na história da humanidade: a tecnologia e o conhecimento da natureza humana. A evolução da tecnologia aumenta o conjunto de possibilidades; o maior conhecimento da natureza humana aumenta a capacidade de gestão de pessoas, por um lado, e a maior adaptação da oferta às necessidades dos consumidores, por outro. Todo este percurso tem um destino, hoje consensualmente aceite, que é tornar as organizações mais produtivas e as pessoas mais felizes.

CAPÍTULO 2
Como se determinam os salários

Neste capítulo iremos abordar a forma como são determinados os salários no mercado de trabalho. Para isso, iremos fazer uso de alguns conceitos teóricos para explicar o ponto de equilíbrio entre a oferta e a procura num mercado concorrencial, explicando antes as diferenças entre o mercado competitivo e as decisões centralizadas.

Abordaremos, também, o conceito de produtividade do trabalho e porque é que aumentos salariais muito elevados podem levar a situações de insustentabilidade económica.

Veremos, também, que por vezes se fazem ofertas salariais acima do que seria racional, tendo em consideração a expectativa de ganhos adicionais em função do talento em presença.

Finalmente, damos alguns exemplos de como uma política salarial diferente da média pode dar resultados dramáticos, quer seja ao nível dos salários fixos, quer seja ao nível dos salários variáveis.

Embora este não seja um livro sobre economia do trabalho, é conveniente dar uma ideia dos conceitos e das teorias subjacentes à formação dos salários. Para tal, iremos ter como quadro de referência o modelo de mercado concorrencial e simplificar a apresentação dos conceitos ao máximo.

Qual seria a principal diferença entre este modelo e um modelo socialista de organização da economia? Neste caso, o do mercado concorrencial, quem determina o que se produz é a capacidade tecnológica para o fazer em função das escolhas dos consumidores. O consumidor escolhe o que quer e o que está disposto a pagar por isso. Quem produz está livre de fixar o preço a que quer vender, tendo em consideração a concorrência e o consumidor, e pode dimensionar o seu negócio, com capital e pessoas, da forma a maximizar os seus resultados. As pessoas, por seu turno, podem escolher trabalhar ou não trabalhar, mudar de emprego ou não mudar, pedir aumentos salariais ou não pedir.

Num modelo socialista, o planeamento da produção é centralizado pelo Estado, que define que produtos e serviços devem ser produzidos e em que quantidades e custo. Os salários são definidos tendo em consideração o reflexo que o seu montante terá no custo final do produto/serviço e que condiciona o preço de venda do mesmo. Ou seja, os cidadãos compram o que o Estado lhes quer vender, ao preço que o Estado entende, com os salários que o Estado determina.

No primeiro cenário, é quase como se uma «mão invisível» fizesse o mercado funcionar e encontrar o seu ponto de equilíbrio. A história tem mostrado que, sem algum tipo de interferência reguladora, nem sempre o mercado funciona de forma equitativa para os intervenientes.

Normalmente, vantagens para quem detém o capital e as empresas surgem com prejuízos para os consumidores. Pode-se citar o exemplo dos monopólios (onde só uma empresa produz determinado bem ou serviço), onde o poder de fixação dos preços, se não houver regulação, é muito grande. Ou, por exemplo, a fixação de um salário mínimo que, para além de procurar garantir um valor minímo de sobrevivência e dignidade, evita que nos mercados onde há mais desemprego os empregadores se aproveitem disso e paguem salários mais baixos.

No segundo caso existe o que se chama planificação central, onde um conjunto de pessoas, com base na informação que têm sobre recursos existentes e necessidades das pessoas, tentam programar o processo produtivo, da forma mais eficiente e eficaz. Também aqui a história tem mostrado que este sistema funciona pior, em termos de criação de riqueza e produtividade, do que os sistemas de mercado. O porquê é seguramente discutível, mas garantidamente a natureza humana não será alheia ao fracasso das tentativas de fazer este sistema vingar. Este tipo de pensamento económico está normalmente associado a um pensamento do estilo «a cada um de acordo com as suas necessidades e cada um faz de acordo com as suas possibilidades». Não há outro incentivo que não o ideológico (que pode ser poderoso, mas tende a desvanecer-se com o tempo) para fazer mais e melhor. A natureza humana tem um lado egoísta (de procurar o melhor para si e para os seus) que, por vezes, é incompatível com o altruísmo necessário para um sistema destes funcionar.

Feita a contextualização, vejamos quais são os atores do mercado de trabalho e que, claro, têm influência na determinação dos salários: trabalhadores, empresas e governo.

Os trabalhadores, como é óbvio, são os protagonistas desta história. São eles que decidem se querem trabalhar para outros, quanto tempo o querem fazer, que qualificações ambicionam ter, quando querem sair de um emprego e procurar outro, se querem mudar de profissão, se querem aderir a um sindicato, enfim, um sem número de decisões que impactam na estrutura salarial de um mercado. Cada uma destas decisões é tomada procurando maximizar o bem-estar individual, ou como os economistas dizem, a utilidade, que mais não é que a otimização do bem-estar individual, tendo em consideração as preferências de cada um, entre comprar mais bens e/ou ter mais segurança no futuro, ou ter mais lazer/ócio. É o conjunto de milhares de decisões das pessoas que determina a estrutura da oferta de trabalho numa economia, não só em função do número de pessoas que estão disponíveis para trabalhar, mas, também, com que nível de salário e, mesmo, a qualificação da mão de obra que é oferecida.

Teoricamente, a maximização do bem-estar empurra-nos para a conclusão de que quanto mais alto for o salário oferecido para uma determinada profissão, mais pessoas quererão ingressar nela. Se simplificarmos, pode ser assim. Claro que nem todas as pessoas valorizam o dinheiro da mesma forma, por inúmeras razões que abordaremos mais tarde, o que significa que a explicação que se segue não explica a realidade a 100%. Mas é uma boa aproximação.

O gráfico abaixo mostra o que pode ser a função oferta de trabalho em função do salário oferecido. T= f(S)

Como se pode ver, neste caso e para simplificar, é uma função linear crescente. Quer isto dizer que quanto mais alto for o salário pago para esta profissão, maior será o número de pessoas interessadas em aceitar emprego fazendo isso.

No entanto, a procura por parte das empresas para essa profissão também terá a ver com o que terão de pagar para contratar. Pode acontecer (e acontece) que a determinado valor a empresa não queira contratar, porque torna inviável a estrutura de custos do produto/serviço. Assim, a função da procura de trabalho será: P=f(S).

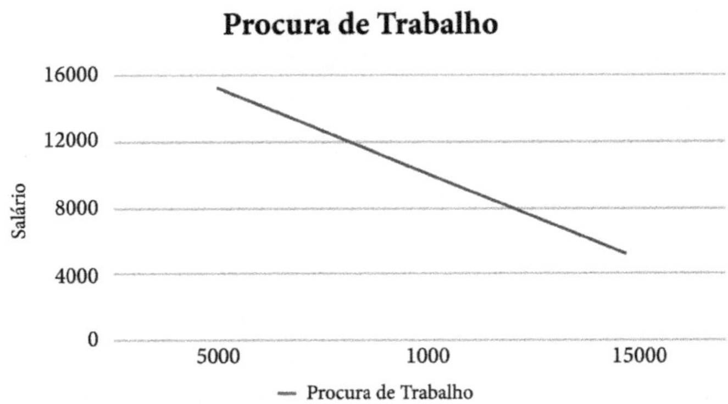

Como pode constatar, quanto mais alto é o salário, menos as empresas estão interessadas em contratar.

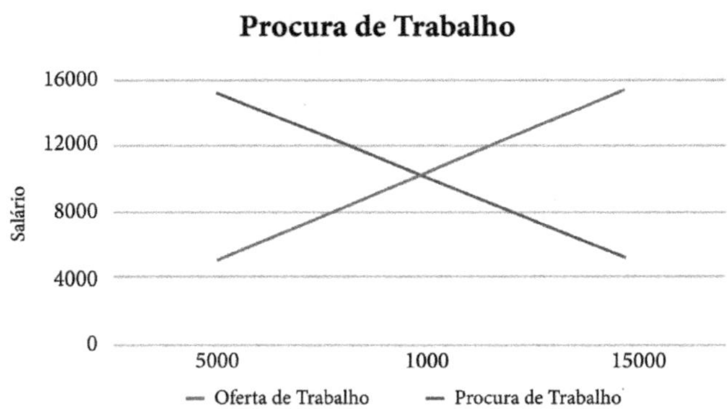

O gráfico anterior mostra o ponto de equilíbrio entre a oferta e a procura de trabalho, para a profissão em questão, e o chamado salário de equilíbrio. Teoricamente, para cada tipo de profissão haverá uma função destas, seguramente não será linear nem constante no tempo e, de uma forma geral, isso determinará o valor médio dos salários para essa profissão ou categoria profissional.

Mas o que é que determina o valor que uma organização está disposta a pagar por uma determinada contratação? Enquanto as pessoas escolhem em função da sua utilidade, já mencionada, as empresas escolhem em função do lucro. Uma vez mais, vamos socorrer-nos de conceitos da economia do trabalho para dar uma ideia do modelo que pode explicar o comportamento do mercado como um todo. Para isso, comecemos por analisar a função de produção de uma empresa, que mais não é do que a expressão dos fatores de produção que a organização utiliza para produzir os seus bens/serviços. Podemos apresentá-la como se segue:

$$P = f(MO, C)$$

Em que P é a produção da empresa, MO a mão-de-obra ou trabalho aplicado e C o capital, ou seja, máquinas, edifícios, terrenos e outros meios de produção que não trabalho.

Uma vez mais chamo a atenção para a enorme simplificação que a explicação que se segue apresenta. Iremos considerar que só temos um tipo de trabalhadores, quando, no mundo real, sabemos que o contributo de um determinado tipo de colaboradores para o resultado final tem impactos diferentes. Por isso têm salários diferentes. Mas, para simplificar, vamos imaginar que a nossa empresa só tem uma categoria profissional e não tem chefias, para além do patrão, cuja remuneração é o lucro, neste exemplo.

O conceito de produto marginal do trabalho é particularmente importante de entender para a compreensão da determinação do salário que estamos dispostos a pagar para a contratação de mais um colaborador. Assim, o produto marginal do trabalho corresponde ao acréscimo de produção que obtemos com a contratação de mais um colaborador. Se com, por exemplo, 20 trabalhadores produzimos 100 sapatos por dia e com 21, 110, o produto marginal do trabalho serão 10 sapatos. Mas vejamos um exemplo para tornar mais claro o conceito.

Número de trabalhadores	Produção de sapatos (unidades diárias)	Produto marginal	Produção média (em unid.)	Valor do produto marginal em €	Valor do produto médio em €
0	0	—	—	—	—
1	4	4	4	120	120
2	9	5	4,5	150	135
3	15	6	5	180	150
4	23	8	5,75	240	172,5
5	35	12	7	360	210
6	50	15	8,33	450	249,9
7	60	10	8,57	300	257,1
8	69	9	8,62	270	258,6
9	75	6	8,33	180	249,9
10	80	5	8	150	240
11	83	3	7,54	90	226,2
12	85	2	7,08	60	212,4
13	86	1	6,61	30	198,3

Para efeitos deste exercício vamos considerar que cada par de sapatos tem uma margem bruta de 30€:

Como se pode constatar visualmente pelo gráfico acima apresentado, ir aumentando os trabalhadores não aumenta proporcionalmente o número de sapatos produzidos. Em determinado momento, tenderá para zero.

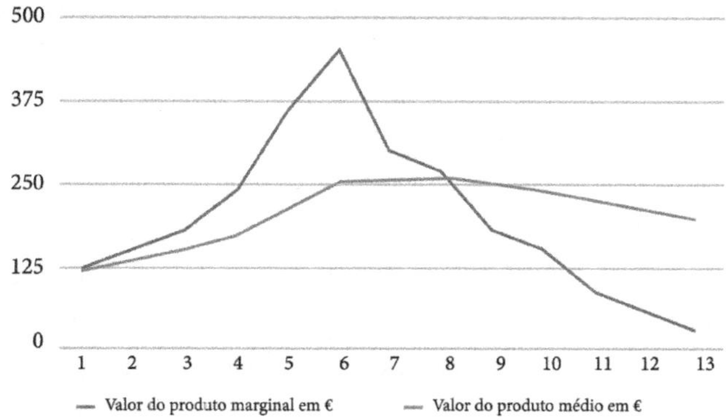

No nosso exemplo percebemos que a contratação de mais um trabalhador não nos dá sempre um aumento da produtividade. Pelo exemplo apresentado, a adição de mais um trabalhador quando já temos oito, faz diminuir a produtividade, ou seja, o produto médio em euros por trabalhador. A produção média diária passa de 8,62 sapatos por pessoa para 8,33. As primeiras adições trazem aumentos de produtividade. A razão disso pode ser uma mais eficiente organização do trabalho. Mas, em determinada altura, passa a valer a lei dos retornos marginais decrescentes. Recorde-se de que o produto marginal do trabalho no exemplo apresentado tem como pressuposto um nível fixo de capital, ou seja, as máquinas são as mesmas para 1 ou 13 trabalhadores. Os primeiros operários contratados podem aumentar substancialmente a produção porque se podem especializar em determinadas tarefas. À medida que vamos adicionando mais trabalhadores, mantendo fixo o número de máquinas, os ganhos de eficiência vão diminuindo, fazendo que o ganho marginal por operário vá diminuindo. Como imagina, o objetivo de qualquer empresa é crescer com lucro, logo, continuará a contratar, a um determinado nível de salário, até que se depare com retornos marginais decrescentes. Quando isso acontece, tem sempre como opção investir em mais capital e, com isso, voltar a ganhos marginais do trabalho, crescentes. No entanto, esse tipo de decisões implica outros fatores que saem fora do âmbito de análise deste livro.

Para continuarmos a analisar a questão dos salários do nosso exemplo, vamos supor que o objetivo desta empresa é maximizar o lucro, com esta estrutura de capital C. E o seu lucro é dado por:

Lucro = Margem Unitária (preço de venda – custo da matéria-prima) × unidades vendidas – MO – C

Em que MO é o custo da mão-de-obra e C o custo do capital imputado.

Vamos considerar que esta é uma empresa verdadeiramente competitiva, ou seja, os preços do trabalho e do capital são constantes e para além do seu controlo, bem como o preço de venda. Também vamos considerar que a empresa consegue vender tudo o que produz ao preço indicado.

Com esta informação, podemos calcular, facilmente, qual é o lucro marginal que obteremos com a contratação de um trabalhador adicional. Como? Multiplicando a margem unitária pelo produto marginal da próxima contratação.

Vejamos um exemplo: considerando que a margem unitária são 30 €, e que o custo diário de cada trabalhador são 35 €.

Quando contratamos o quinto trabalhador, por exemplo, o produto marginal são 15 sapatos. 15 sapatos dão-nos uma margem adicional de 15 × 30 (margem unitária) = 450 €. O custo diário de o contratar é 35 €, o que é muito inferior aos 450 € de ganho adicional com a sua contratação. Assim, a este salário, estamos dispostos a continuar a contratar. Mas quando é que não se justifica contratar mais? Quando o custo de uma contratação for superior ao aumento da margem marginal, que mais não é do que o produto marginal (o número de sapatos que produzo a mais por contratar mais uma pessoa) a multiplicar pela margem, neste caso 30€.

Olhando para o quadro seguinte, qual é o número ótimo de trabalhadores a contratar a este salário? São 12, uma vez que o ganho marginal de contratar o 13 é menor do que o custo de o contratar. O lucro total com 12 é de 2130 € por dia, enquanto com 13 é de 2125 € por dia, o que é menos.

Número de trabalhadores	Produção de sapatos (unidades diárias)	Produto marginal	Valor do produto marginal em €	Valor da margem total em €	Lucro total (Margem total – Mão de obra total)
0	0	—	—	—	—
1	4	4	120	120	85
2	9	5	150	270	200
3	15	6	180	450	345
4	23	8	240	690	550
5	35	12	360	1050	875
6	50	15	450	1500	1290
7	60	10	300	1800	1555
8	69	9	270	2070	1790
9	75	6	180	2250	1935
10	80	5	150	2400	2050
11	83	3	90	2490	2105
12	85	2	60	2550	2130
13	86	1	30	2580	2125

Vejamos em gráfico.

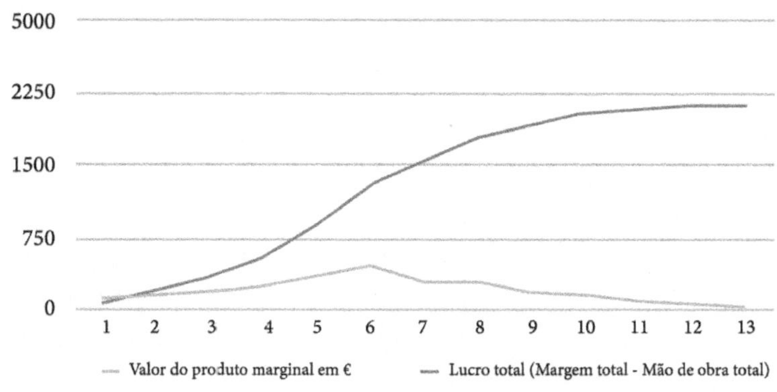

Como se vê, a partir do trabalhador 12, o lucro total desce. Assim, para este nível de investimento em capital fixo e com o salário a ter um custo total de 35 € por empregado/dia, esta empresa estaria disposta a contratar 12 pessoas. Com esse número de pessoas, produziria 85 pares de sapatos por dia e teria um «lucro» de 2130 € por dia.

Mas, imagine agora que os salários duplicavam. Passavam a 70 € por dia, por trabalhador. Como é que isto afetava a decisão de contratação do nosso «dono» da fábrica de sapatos?

Número de trabalhadores	Produção de sapatos (unidades diárias)	Produto marginal	Valor do produto marginal em €	Valor da margem total em €	Lucro total (Margem total – Mão de obra total)
0	0	—	—	—	—
1	4	4	120	120	50
2	9	5	150	270	130
3	15	6	180	450	240
4	23	8	240	690	410
5	35	12	360	1050	700
6	50	15	450	1500	1080
7	60	10	300	1800	1310
8	69	9	270	2070	1510
9	75	6	180	2250	1620
10	80	5	150	2400	1700
11	83	3	90	2490	1720
12	85	2	60	2550	1710
13	86	1	30	2580	1670

Neste caso, ele só poderia contratar 11 trabalhadores, ao invés de 12 (menos cerca de 9%) e o seu «lucro» passaria a ser 1720 €/dia, ao invés de 2130 €/dia (cerca de menos 20%).

Quero chamar a atenção de este raciocínio também se poder aplicar aos serviços. A diferença é que não existem matérias-primas e, logo, considera-se a faturação adicional que cada contratação pode proporcionar como o «lucro» marginal.

Nesta situação simulada, e se a estendêssemos a um agregado económico, uma duplicação de salários aumentaria o desemprego em cerca de 9% e diminuiria o resultado desse agregado económico em cerca de 20%. Como é que poderia contrariar esse efeito? Procurando ter alguma influência no preço de venda, distinguindo-nos dos nossos concorrentes, fazendo que o consumidor esteja disposto a pagar mais por um produto nosso, do que por um concorrente. No caso dos sapatos, poderá ser porque são mais cómodos, mais duráveis, mais bonitos, dão maior prestígio, etc.

É compreensível que nos últimos anos tenha havido um tentativa de conseguir oferecer produtos e serviços mais diferenciados e com maior valor acrescentado para se poder aumentar o preço de venda. Vender, por exemplo uma marca de sapatos com «marca própria» considerada de prestígio dá mais «lucro» do que fazer esses mesmos sapatos para serem vendidos para outra «marca». Como é compreensível há que dividir o lucro por mais um interveniente.

Por este exemplo simples pode-se também intuir que não é realista esperar aumentos de salários generalizados sem que as empresas consigam cobrar mais pelos seus produtos ou que cada trabalhador consiga produzir mais. Ou seja, a produtividade (a relação entre o que se fatura e o que gastamos para esse nível de faturação) é a chave para o aumento dos salários, de uma forma séria e sustentável.

Mas, dada uma explicação «racional» para o que determina o nível médio dos salários, na economia, será que o empresário/gestor quando contrata vai ter em consideração este tipo de análise? **Não.** Estes modelos procuram explicar *a posteriori* o que aconteceu no passado e *a priori* o que achamos que se vai passar no conjunto do mercado. O mercado faz-se depois de um conjunto de decisões individuais, tendo como base uma série de constrangimentos.

Quando se quer contratar, o salário a oferecer está dependente de uma série de fatores. Uns legais, como o salário mínimo ou as convenções coletivas. Outros da escassez ou abundância dos recursos que procuramos num determinado momento. Outros, ainda, do quanto os concorrentes estão dispostos a pagar pelos mesmos recursos que a organização quer contratar.

Uma coisa é certa, quanto mais mobilidade (derivada da procura de talento) existir no mercado de trabalho, maiores tendem a ser os aumentos salariais. Isto porque, normalmente, quando uma organização quer contratar, tende a oferecer um pouco mais do que aquilo que a pessoa ganhava no emprego anterior.

A minha experiência no mercado de trabalho como agente que contrata (para si ou para outros) mostra que aquilo que se oferece, em termos de remuneração, está muito dependente do aparecimento da competência que se acha que pode fazer a diferença. Se no processo de contratação aparece alguém que se considera poder valer mais para a organização do que aquilo que a mera racionalidade faz prever, então a probabilidade de fazer uma oferta maior é real. No entanto, derivado de fatores de equidade interna (que mais à frente faremos referência mais detalhada), torna-se necessário ter cuidado para não criar situações de desequilíbrio interno. Uma das formas de contornar isto é através das remunerações variáveis, indexadas a resultados. Mas isto que foi dito, infelizmente, não se pode aplicar a organizações onde as estruturas salariais são rígidas, com é o caso do sector público, com todos os inconvenientes que isso pode acarretar.

DIFERENÇAS SALARIAIS

Até aqui vimos, de uma forma muito simplificada, o que é que determina um salário para uma determinada profissão. No entanto, existem diferenças salariais muito grandes no mercado de trabalho. Um CEO pode ganhar mais de cem vezes o salário médio de um colaborador da empresa, para dar o exemplo mais marcante. Pelo meio, ficam um conjunto de salários de chefias intermédias, técnicos especializados, quadros de topo, etc. Essas diferenças salariais estão relacionadas com o mesmo tipo de raciocínio que foi feito para o exemplo simples apresentado anteriormente. O que as empresas estão dispostas a pagar para uma contratação tem a ver com o ganho marginal em fazê-la. Claro está que não se faz um quadro, uma vez mais, para decidir quanto pagar. Assim, é a oferta que existe no mercado e quais as condições salarias dos potenciais candidatos, em determinado momento e geografia, que determinam o salário a pagar. No entanto, de uma forma global, a formação desses salários na economia como um todo obedece aos critérios de racionalidade económica presentes no exemplo antes apresentado. Mas quererá isto dizer que as empresas em determinado mercado geográfico, concorrentes no que respeita ao mercado de trabalho, pagarão todas salários iguais para funções iguais? Não. E por várias razões. A primeira é que podem ser mais produtivas e estão dispostas a contratar pessoas que consideram mais capazes para manter esse diferencial de produtividade.

Uma vez mais aparece o conceito de produtividade. Em segundo lugar, o salário no mercado, por razões conjunturais, pode estar abaixo do valor que uma análise marginal nos daria e a empresa aproveita para poupar nos salários. No entanto, uma coisa é certa: no longo prazo, as empresas que pagarem os salários mais adequados são as que terão mais vantagem competitiva e apresentarão melhores resultados.

Mas qual será então o salário mais adequado a oferecer tendo em consideração, não o que o mercado de trabalho exige, mas o que maximiza a produção? Uma vez mais vamos utilizar a análise marginal para dar resposta a esta questão.

Lembre-se dos exemplos de esquemas de incentivos que apresentámos no primeiro capítulo. O objetivo era fazer o trabalhador produzir o mais possível, partindo do princípio de que ele procuraria maximizar o seu ganho. Assim, qual seria o valor adequado a pagar por cada peça a produzir? Seria aquele valor que o levasse a produzir mais peças por forma a que o benefício para a empresa fosse máximo e para ele também. Imagine que se fazia uma experiência para estudar o assunto e que se chegava aos seguintes valores:

Salário por par de sapatos em €	**Número de sapatos produzidos por dia**
1	3
2	4
3	5
4	6
4,5	6
5	7
5,5	8
6	9
6,5	9

De acordo com estes dados, o salário adequado a pagar a estes operários seria de 6 euros por par de sapatos, o que daria 6€ × 9 pares de sapato, por dia, 54 euros de salário/dia.

Número de sapatos produzidos por dia

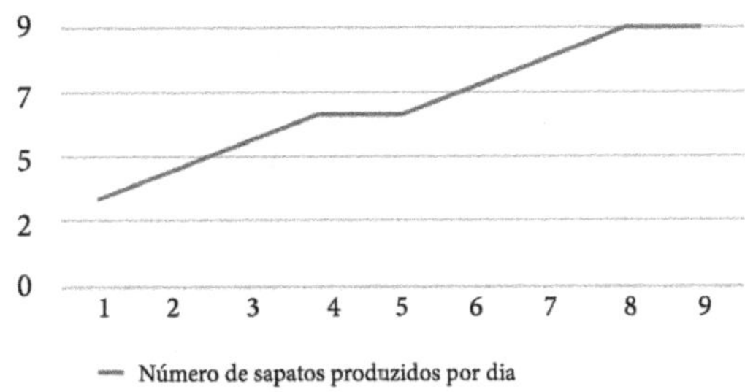

Assim, com os 12 trabalhadores que existem, ir-se-ão produzir em média 9 pares de sapatos × 12 trabalhadores, o que dá 108 sapatos, em vez dos 85 pares de sapatos com o salário anterior. Isto, daria uma margem de «lucro» total de 108 pares de sapatos × 30 € por sapato, o que será 3240 €, e se subtrairmos o valor dos salários dia (54 € × 12 trabalhadores = 648 €) dá 3240 € - 648 € = 2592€. Este valor é superior aos 1710 € que são apresentados no exemplo anterior e no qual se pagava um salário de mercado, fixo, aos trabalhadores. Este é o salário eficiente!

Como pode reparar, neste exemplo existe um grande aumento de salários, mas que é acompanhado por um aumento dos ganhos para a empresa. Isto é um caso típico de ganhos de produtividade, divididos entre empresa e trabalhadores.

Exemplo prático:

A Ford Motor Company foi fundada em 1903. Em 1908, ela dava emprego a 450 funcionários e produzia 10 607 automóveis. A força de trabalho inicial era composta por artesãos altamente qualificados. As peças para os automóveis eram muitas vezes produzidas em oficinas externas e os operários da Ford dedicavam muito tempo à montagem dessas peças para produzir o automóvel acabado. Entre 1908 e 1914, o carácter da Ford mudou drasticamente. O primeiro automóvel construído no sistema de linha de montagem, o Model T, foi introduzido e a Ford produzia muito pouco dele. As peças do Model T eram feitas com grande precisão e podiam ser montadas por trabalhadores pouco qualificados. Por volta de 1913, a Ford empregava 14 000 trabalhadores e produzia 250 000 carros. A força de trabalho passou a ser composta por 75% de estrangeiros e população rural das zonas do sul.

Uma descrição contemporânea das tarefas realizadas por esses trabalhadores é elucidativa: «A divisão do trabalho tem sido realizada de tal forma que uma maioria surpreendente dos empregos consiste em algumas, poucas operações simples. Na maioria dos casos, o domínio completo dos movimentos não leva mais do que cinco a dez minutos.» O tédio e o trabalho enfadonho produziram o seu efeito nos trabalhadores. A rotação anual de trabalhadores na Ford era de aproximadamente 370% em 1913. Por outras palavras, a empresa tinha que empregar 50 448 pessoas para manter uma média de 13 623 trabalhadores. Além disso, a taxa de absentismo era de cerca de 10% ao dia.

A 5 de janeiro de 1914, a Ford decidiu deixar de levar em conta os níveis salariais que eram resultado da fixação dos salários pelo mercado concorrencial e, unilateralmente, reduziu a duração do dia de trabalho de 9 para 8 horas, e também mais do que dobrou o salário, indo de $ 2,34 para $ 5 ao dia. Imediatamente depois do anúncio destas medidas, mais de 10 000 pessoas fizeram fila nas instalações da Ford em busca de emprego. O resultado deste contrato de emprego «novo e melhorado» foi imediato e drástico. Por volta de 1915, a taxa de rotatividade tinha caído para 16%, a taxa de absentismo tinha caído para 2,5%, a produtividade por trabalhador havia aumentado entre 40% e 70% e os lucros aumentaram em aproximadamente 20%. Portanto, parece que a Ford Motor Company beneficiou muito com a descoberta dos salários eficientes.[1]

No exemplo que apresentámos, o salário dos trabalhadores era variável, mas, mesmo que fosse fixo, era fácil de controlar quantos pares de sapatos eram produzidos. No entanto, na maioria dos casos, a produtividade não é verificável individualmente. Será que nestes casos se justifica pagar salários acima da média do mercado?

Vários estudos demonstram que pagar salários acima da média acaba por ser benéfico. Desde logo, o custo de perder o emprego é maior. Ser

[1] Raff, Daniel M. G. e Summers, Lawrence H., «Did Henry Ford Pay Efficiency Wages?», *Journal of Labor Economics* 5 (October 1987, part 2): S57–S58.

despedido de uma organização que paga acima da média representa um custo de oportunidade maior para quem é despedido do que se trabalhasse numa empresa que pagasse abaixo da média do mercado. Em segundo lugar, salários mais altos poderão influenciar a vontade dos colaboradores de retribuir esse facto, gerando maior lealdade e empenhamento. Em terceiro lugar, empresas que pagam acima da média têm menos rotação de pessoal de forma voluntária, uma vez que é mais difícil um colaborador despedir-se. Finalmente, as empresas que pagam acima da média podem ser altamente exigentes no processo de recrutamento, o que faz com que consigam contratar o melhor talento disponível no mercado.

Existem muitos casos de diferenciais de salários permanentes entre as empresas. Algumas pagam salários acima da média do mercado, outras abaixo, para trabalhadores com qualificações semelhantes. Um estudo realizado na indústria de *fast food*, e publicado por Alan B. Krueger, argumenta que os diferenciais de salários nesta indústria podem ser explicados pela hipótese do salário eficiente. Nos EUA os restaurantes de *fast food* são normalmente franquiados. No entanto, os *masters* franchisadores também são donos de uma parte dos restaurantes. Por exemplo, cerca de 15% dos restaurantes Burguer King e 25% dos McDonald's são propriedade da casa-mãe. Este estudo demonstra que, em média, os restaurantes que são propriedade da empresa-mãe pagam cerca de 9% a mais do que os de franquia, oferecendo o mesmo nível de serviço. Aquilo que a casa-mãe consegue com motivação por via do salário, os franquiados conseguem por um maior controlo presencial na gestão do negócio.

Neste capítulo temos vindo a ver como são determinados os salários, essencialmente nos mercados concorrenciais. Seguidamente, iremos analisar o que leva as pessoas a fazer mais e melhor. Será que tudo tem a ver com salários? Será que as experiências de Hawthorne referidas no capítulo anterior levaram a conclusões consistentes sobre a natureza humana que contrariam a tese de que «tudo tem a ver com dinheiro»?

CAPÍTULO 3
Determinantes do desempenho

Neste capítulo iremos abordar algumas teorias clássicas que abordam a motivação no trabalho. O objetivo é explicar, de uma forma simples, quais as oportunidades e limites que os sistemas de incentivos nos oferecem e que práticas de gestão devem acompanhar os incentivos financeiros, para maximizar o resultado de aplicação dos mesmos.

Veremos também, e decorrentes dos modelos apresentados, alguns princípios gerais sobre motivação e algumas sugestões sobre como motivar. Finalmente, abordaremos o pensamento de um autor atual muito em voga que apresenta uma abordagem «extra» sobre incentivos monetários, mas que nos parece muito interessante, desde que seja para adicionar a sistemas de remuneração e incentivos adequados.

Neste capítulo iremos ter o desafio de explicar por que motivo a remuneração e os incentivos estão ligados ao desempenho, por um lado, e alguns dos limites da remuneração e dos incentivos, por outro, na determinação do desempenho. Mais à frente retornaremos ao tema quando abordarmos a temática dos incentivos. Para isso convém começar por analisar o conceito de motivação.

Frederick Herzberg (1959,1966), um autor e investigador americano, estudou este tema da motivação e chegou a algumas conclusões interessantes. O estudo foi feito com base no tratamento de respostas a duas perguntas-base, como as que se seguem:

1. Pense numa altura em que se tenha sentido particularmente motivado na sua vida profissional. Qual foi a situação responsável por isso?
2. Pense numa altura em que se tenha sentido particularmente desmotivado na sua vida profissional. Qual foi a situação responsável por isso?

Quando as pessoas descreviam as situações responsáveis pela insatisfação, ou desmotivação, referiam-se, em especial, às seguintes:

- Mau ambiente de trabalho;
- Mau relacionamento com a chefia;
- Remuneração baixa;
- Más condições físicas de trabalho;
- Políticas de gestão com as quais não concordavam.

Quando descreviam situações em que se tinham sentido motivadas, a maioria das respostas apontava para as seguintes razões:

- Reconhecimento por superiores;
- Promoções;
- Aumento de responsabilidade;
- Possibilidade de participar nas decisões de gestão;
- Ter um trabalho aliciante.

Deste estudo, Herzberg concluiu que os fatores que determinavam a motivação não eram os mesmos que determinavam a desmotivação. Aos primeiros designou como fatores higiénicos (talvez porque, na sua opinião, é o mínimo que qualquer deve almejar ter no seu local de trabalho) e aos segundos, por fatores motivacionais, porque, segundo o autor, são aqueles acontecimentos e situações que levam os colaboradores a quererem dar o melhor de si.

Um outro aspeto interessante foi a conclusão que, em contexto de trabalho, o percurso da desmotivação à motivação não é um *continuum*, mas antes dois vetores distintos, em que um começa no menos «qualquer coisa» e termina no zero (desde o desmotivado à ausência de desmotivação) e o outro começa no zero e termina num valor positivo (desde a ausência de motivação à motivação).

Segundo o autor, qualquer gestor que se preocupe com extrair o máximo da sua equipa, deve, em primeiro lugar, preocupar-se em garantir que os fatores higiénicos estão a um bom nível, uma vez que trabalhadores insatisfeitos respondem menos aos fatores motivacionais. Seria quase como estar com o pé no acelerador de um veículo (fatores motivacionais) e simultaneamente estar a carregar no travão (fatores higiénicos). A generalidade das empresas bem-sucedidas e mais produtivas realiza, com regularidade, estudos de clima organizacional cujo objetivo é o de medir o estado das variáveis higiénicas. Um estudo de clima mostra como é o relacionamento com as chefias, se as pessoas gostam ou não do ambiente de trabalho, o que pensam da sua remuneração (e aqui é preciso ter em conta que, mesmo que a remuneração seja a justa, o que é relevante é o que as pessoas pensam dela), se se sentem bem em termos do ambiente físico da empresa e em que medida se identificam com as políticas da organização.

Caso o estudo de clima revele valores baixos, nestes itens convém que a gestão se preocupe, primeiramente, em melhorar estes fatores antes de olhar para os outros. Quando estes fatores estão mal, perde-se muita energia em «falatórios» e «queixas» e menos a trabalhar. Para além do mais, muita da lealdade à organização vem das pessoas se sentirem lá bem e identificadas com as condições de trabalho, chefias e os outros fatores referidos. De referir que algumas organizações já incluem os resultados dos estudos de clima nas métricas de avaliação dos CEO para efeitos de cálculo dos bónus.

Estando os fatores higiénicos resolvidos ficam criadas as condições para se começar a pensar nos fatores que são verdadeiramente responsáveis por aquilo que faz a generalidade das pessoas querer fazer mais e melhor. Como Herzberg os designa, os fatores motivacionais.

E antes de os analisar um por um, importa aqui referir o contributo que um outro psicólogo trouxe para a gestão, que é um modelo de abordar a motivação humana em geral.

Maslow defende que, embora o ser humano seja complexo na determinação dos seus comportamentos e movido por estados emocionais variados, existe uma certa «lógica» e hierarquização na forma como esses estados emocionais se agrupam. Segundo Maslow, um indivíduo procura satisfazer suas necessidades dentro de uma sequência lógica, uma espécie de hierarquia em que as necessidades de nível mais baixo dominam o comportamento do indivíduo até estarem suficientemente satisfeitas, para posteriormente entrarem em ação outras necessidades de nível mais elevado.

A não satisfação de uma dessas necessidades aumenta a sua motivação para satisfazê-la, ou seja, a pessoa tudo fará para conseguir satisfazê-la. Caso o esforço não a leve a satisfazer essa necessidade, ela ficará frustrada. Por outro lado, quando a necessidade é satisfeita, cessa o seu efeito sobre o organismo e aumenta a motivação por outra necessidade de nível superior.

Um exemplo básico e prático: uma pessoa que não tenha como se alimentar, tudo fará para garantir que o irá conseguir. Por certo não estará interessado em conviver ou mesmo em receber elogios. O que pretende é garantir a sua sobrevivência física e logo todos os seus esforços estarão direcionados para a busca de alimento.

A hierarquia de necessidades de Maslow sugere que as cinco necessidades básicas do ser humano estão organizadas em níveis de importância que as dividem em dois tipos:

- Básicas – instintivas e relacionadas com a existência física da pessoa, comuns aos animais, como as necessidades fisiológicas e de segurança; e
- Secundárias – típicas do ser humano e decorrentes do seu processo de aprendizagem e socialização, como as necessidades sociais, de estima e de autorrealização.

As necessidades, segundo Maslow, são:

- Fisiológicas – relacionadas aos impulsos básicos de sobrevivência como alimentação, bebida, repouso, sexo, abrigo, etc.; quando há insatisfação em todas as necessidades são as fisiológicas que exercem maior pressão sobre o indivíduo.
- Segurança – relacionadas à necessidade de se sentir seguro e livre de ameaças, perigos, doenças, desemprego, etc. Quando insatisfeitas essas necessidades, o indivíduo tudo fará para as conseguir satisfazer.
- Sociais – necessidade de pertencer a um grupo social, de amor, de associação, de participação, de afeição e amizade; quando não estão satisfeitas, levam à solidão e à hostilidade para com os outros.
- Autoestima – relacionadas ao *status* e à maneira pela qual o indivíduo se vê, a sua autoconfiança, independência e autonomia. Quando insatisfeitas podem produzir sentimentos de inferioridade e fraqueza social.
- Autorrealização – é a necessidade interior que o indivíduo sente de atingir o seu potencial mais elevado. Refere-se à maximização das aptidões e capacidades, chegar ao excelente, ser mais do que é, ser tudo o que pode ser. É poder fazer aquilo que lhe dá mais prazer, independentemente de qualquer recompensa externa.

O ponto de partida da teoria de Maslow é a indicação que estas necessidades estão ordenadas em forma de uma sequência (mais tarde passa à forma de pirâmide por outro autor, de nome Douglas McGregor), que indica a prioridade e o grau de importância de cada uma delas sobre as outras. Segundo Maslow, somente quando a necessidade de nível inferior estiver suficientemente satisfeita, é que a necessidade de nível mais elevado começa a motivar o comportamento. Logo, se uma pessoa não consegue satisfazer, adequadamente, as suas necessidades de alimentação, não será motivada, por exemplo, pelas necessidades de autoestima ou de autorrealização. Assim, uma necessidade de nível mais baixo deve ser relativamente satisfeita para que possa emergir uma necessidade de nível mais alto. Nenhuma necessidade é sempre totalmente satisfeita e as necessidades de nível mais baixo terão sempre uma influência mais forte no comportamento do indivíduo caso deixem de ser atendidas.

Pirâmide das necessidades de Maslow

Maslow sugere que somente poucas pessoas privilegiadas conseguem chegar ao topo da pirâmide e serem fortemente motivadas pelas necessidades de nível mais alto, como de autorrealização. Para ele, muitas outras pessoas continuam movidas pelas suas necessidades primárias, sem conseguir satisfazê-las adequadamente.

O ponto relevante no trabalho de Maslow foi o seu interesse no desenvolvimento das pessoas a partir da identificação das necessidades humanas e como elas podem ser satisfeitas, ajudando os empresários e gestores a entender melhor as pessoas com quem trabalham, a fim de lhes fornecerem os incentivos adequados para que possam produzir em conformidade e desenvolver todo o seu potencial.

Mas qual é o papel do dinheiro (remunerações e incentivos) na determinação do comportamento das pessoas nas organizações? É um facto que o dinheiro, na forma de salário-base, tem um elevado valor instrumental no que respeita, em especial, a pessoas que tenham elevadas necessidades fisiológicas ou de segurança. Pessoas novas, em início de vida e carreira, podem, por algum tempo, dar mais importância ao dinheiro do que a qualquer outra coisa. Há a casa para pagar, o carro para comprar, ou, em países menos favorecidos, uma família para manter viva e alimentada como prioridade principal. Mas uma vez atingido um determinado nível económico, com uma certa garantia de manutenção do mesmo, deixa de ser o salário-base o fator dominante na motivação. Aí, outras necessidades surgem como importantes, onde o dinheiro, na forma de salário fixo, mesmo que adequado, pouco poderá fazer para as satisfazer.

Recorde o exemplo que apresentei, no capítulo anterior, referente à Ford Motor Company. Quando houve um aumento generalizado de salários, vimos que vários indicadores melhoraram, como a produtividade e o absentismo. De notar que, embora os salários tivessem subido, maioritariamente tratava-se de salários variáveis, ou seja, uma vez que o desempenho podia ser medido, essa forma de pagamento estava relacionada com o mérito.

Também no exemplo referido, relativamente aos *fast foods*, pagar acima da média era uma forma de garantir que as pessoas não arriscavam «desleixar-se» e perder um bom emprego.

Nestes dois exemplos podemos encontrar situações em que um aumento de salário pode ter efeito na melhoria do desempenho, mas cada um deles influenciando um dos dois fatores identificados por Herzberg. No primeiro caso atuou-se, especificamente, ao nível dos fatores motivacionais, aumentando muito o valor dos incentivos ao desempenho (embora por essa via também se resolveram os fatores higiénicos), enquanto, no segundo, atuou-se ao nível dos fatores higiénicos, aumentando a ausência de desmotivação e, logo, a vontade de não cometer falhas para não arriscar perder o emprego.

Imagine que havia um aumento generalizado de salários na sua empresa. Será que a produtividade aumentaria? A não ser que as pessoas estivessem insatisfeitas por ganharem pouco, esse aumento não iria provocar variação na produtividade. Por outras palavras, se os fatores higiénicos estivessem bem, ou acima de bem, provavelmente não haveria aumentos de produtividade. Se, por outro lado, os fatores higiénicos não estivessem salvaguardados, nomeadamente no que respeita ao salário (pessoas a ganhar menos do que o mercado concorrencial determinaria), aí sim, provavelmente a produtividade aumentaria, devido à ausência de insatisfação.

Se em vez de um aumento generalizado, e estando garantido que o salário médio era justo, fossem dados prémios às pessoas em função do desempenho, talvez aí, como no caso da Ford Motor Company, se assistisse a um aumento da produtividade. Porquê? Porque para ganhar mais era preciso fazer mais e melhor. E ganhar mais, significa poder satisfazer necessidades de nível superior na hierarquia de Maslow. Significa poder comprar um carro melhor, uma casa melhor, fazer férias em lugares exóticos, enfim, autoestima.

CONCEITO DE EQUIDADE

A teoria da equidade, geralmente atribuída a J. Stacy Adams, é uma das várias teorias sobre motivação que coloca a ênfase na perceção do indivíduo sobre a razoabilidade ou justiça relativa na sua relação laboral com a organização. A teoria da equidade parte do princípio de que a motivação é influenciada pelo equilíbrio entre o que a pessoa oferece à organização (o seu desempenho) e aquilo que recebe através do sistema retributivo (a sua compensação).

De acordo com esta teoria, as pessoas sentir-se-ão desmotivadas (a par dos fatores higiénicos de Herzberg) sempre que não considerarem receber uma compensação justa (seja em forma de salário e incentivos, reconhecimento público, promoção, transferências ou outra) pelos seus esforços e desempenho em prol da organização.

A justiça desta compensação é avaliada pelas pessoas através da comparação entre o que recebem outras, pessoas cujos contributos são vistos, pelos próprios, como semelhantes. De notar que esta questão da equidade é subjetiva na sua análise.

No caso da compensação ser injusta (inferior à compensação atribuída a outras pessoas com as quais o sujeito se compara), as pessoas sentem-se insatisfeitas e tendem a reduzir as suas contribuições. Se essas «injustiças» se repetirem, pode mesmo gerar-se uma situação de «rancor» para com a organização. Quando a compensação é justa (equilibrada com a de outras pessoas), as suas contribuições continuam idênticas. Sempre que a compensação está acima da recebida pelas outras pessoas, verifica-se a tendência para um maior esforço, embora esse facto possa contribuir para a desmotivação dos outros que se considerarão «injustiçados».

A perceção de falta de equidade pode verificar-se em várias situações, entre as quais a definição de objetivos, as promoções, as transferências, os elogios públicos, e obviamente nos salários e incentivos. É fundamental que os empresários e gestores tenham presente que um sistema de incentivos e recompensas que não tenha devidamente acautelado a perceção de equidade das pessoas a quem se dirige, pode ser altamente disfuncional. Pode-se cair no ridículo, de estar a gastar dinheiro em bónus para tornar todos os que o recebem insatisfeitos. Mais ricos, mas mais desmotivados. Ou seja, paga-se para desmotivar pessoas.

Há alguns anos, um amigo meu que era diretor de um banco que já não existe desabafou comigo que lhe tinham dado um bónus anual (de muitos milhares de euros) e que ele se sentia injustiçado e, mais do que isso, vexado. Quando perguntei porquê ele referiu-me que tinha um colega diretor que, na sua opinião, era muito fraco e que tinha recebido o mesmo do que ele. Segundo esse meu amigo, aquilo era, não só uma afronta, como, na sua opinião, uma mensagem qualquer para ele. Confesso que não sei se ele tinha ou não razão, mas isto foi um exemplo real de como aquela administração gastava dinheiro para desmotivar as pessoas.

MODELO EDS (ENERGIA, DESEMPENHO E SATISFAÇÃO)

Para tornar mais claro como é que o desempenho é influenciado, um modelo gráfico parece-nos interessante. Os pressupostos são de que para produzir algo, o desempenho, tem de se ter motivação para o fazer, a energia. No entanto, quem desempenha uma qualquer função ou atividade tem por objetivo ficar satisfeito com isso. Trata-se, assim, de

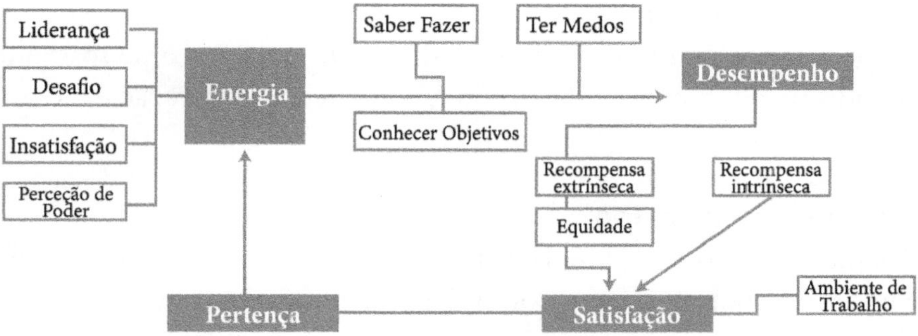

conciliar o atingir dos objetivos da organização com a satisfação das pessoas que o tornam possível.

(In)satisfação

Grau em que o indivíduo reflete sobre a diferença entre o que atualmente tem e o que gostaria de ter como resultado de um bom desempenho da sua função. Não se trata de frustração, mas sim de um estado de não-satisfação de necessidades.

Desafio

Grau no qual o desempenho de uma determinada função, dadas as características que lhe são inerentes (inovação, risco, variedade, etc.), «põe à prova» as suas capacidades para a realizar e estimula a sua ação. Este desafio tem um ponto ótimo. Se for grande demais pode gerar perda de energia, uma vez que pode ser visto como inatingível.

Conhecer objetivos

Perceção do colaborador sobre o que é esperado alcançar através da realização de uma função, isto é, o colaborador terá de conhecer as expectativas em relação ao seu desempenho e as consequências do seu trabalho para o «produto» final da organização.

Liderança

Postura e comportamentos de gestão adotados pelo(s) seu(s) superior(es) hierárquico(s) e que condicionam o entusiasmo *performance.*

Perceção de poder

Capacidade de controlo do colaborador sobre situações e pessoas, que lhe advém do exercício da sua função (perceção de capacidade em cumprir a tarefa).

Ambiente de trabalho

Condições físicas (luminosidade, temperatura, ruído, conforto, etc.) do seu local de trabalho, assim como dos relacionamentos que estabelece com os seus colegas, colaboradores e/ou chefia. As más condições não são impeditivas de um bom desempenho.

Ter meios

Existência/possibilidade de acesso aos equipamentos, materiais, pessoas, documentação e outras fontes de informação necessários ao bom desempenho das tarefas.

Equidade

Grau no qual um indivíduo sente justiça na atribuição de salários e incentivos salariais (comissões...), ou reconhecimento quando se compara a indivíduos que ocupam o mesmo lugar dentro (equidade interna) ou fora (equidade externa) da organização.

Saber fazer

Grau em que um indivíduo possui qualificações e competências para desempenhar uma determinada função.

Recompensas intrínsecas

Interesse e prazer proporcionados pela própria execução do trabalho. Alguns psicólogos designam esta variável por prazer de função. Uma atividade que se faz por gosto.

Recompensas extrínsecas

Todos os incentivos e benefícios materiais (aumentos salariais, valorações por mérito, comissões, promoções, etc.) resultantes do bom desempenho de uma função.

Pertença

É o «amor» pela organização. É a ligação emocional que se pode desenvolver (positiva ou negativa), fruto das inúmeras iterações que cada colaborador tem neste circuito energia-desempenho-motivação. Se a maioria das iterações for positiva estabelece-se um sentimento de pertença. Se, pelo contrário, as recompensas forem encaradas como insatisfatórias e injustas, gera-se um sentimento negativo em relação à organização.

Uma breve explicação. A energia que determinado colaborador tem para o desempenho de uma tarefa deriva, essencialmente, de querer atingir qualquer tipo de recompensa se a fizer bem (satisfação), da perceção de que a consegue executar, do desafio ou «gozo» que pensa que isso lhe vai trazer e, finalmente, do tipo de relacionamento que tem com a chefia. Digamos que se os objetivos forem claros e vistos como atingíveis, a recompensa por atingir for sentida como significativa, a tarefa for q.b. aliciante, e a liderança corresponder às expectativas do colaborador, estão criadas as condições necessárias e suficientes para haver um colaborador empenhado no desempenho dessa função.

Essa motivação poderá ser comprometida em termos de um resultado final desejável para a organização se os meios ou tecnologias postos à disposição do colaborador não forem os mais adequados (faz o melhor que pode com o que tem), se não forem absolutamente claros os objetivos organizacionais (faz o que pensa que é pretendido) e se não tiver a formação adequada para desempenhar a tarefa (faz o melhor que sabe).

Atingindo o desempenho organizacional, entram em jogo as variáveis que realmente interessam para o colaborador. Aquilo que contribui para a sua satisfação: as recompensas extrínsecas que recebe pelo bom desempenho (os prémios, bónus, comissões, elogios, promoções, etc.) que são naturalmente avaliadas em termos da teoria da equidade; as recompensas intrínsecas que derivam do tal prazer de função anteriormente referido. Pode dar-se mesmo o caso, para certas pessoas que têm os dois primeiros níveis da pirâmide de Maslow permanente e definitivamente resolvidos, dar mais importância a este tipo de recompensas do que às recompensas extrínsecas.

Finalmente, a pertença é o tal sentimento de ligação que se cria à organização (ou não) e que deriva da experiência e vivência organizacional prolongada ser maioritariamente positiva a trazer recordações e perspetivas de futuro positivas. A pertença, só por si, representa mais um fator gerador de energia neste ciclo eternamente repetido que representa o desempenho.

ALGUNS PRINCÍPIOS GERAIS SOBRE A MOTIVAÇÃO

Tendo em consideração as teorias acima referidas, importa agora referir alguns princípios básicos que decorrem da sua aplicação.

- **Ninguém produz resultados de excelência a não ser que se esforce muito.**

Todas as grandes obras são realizadas por pessoas que põem um grande empenho pessoal naquilo que fazem. Tirando o caso de certos «talentos» especiais, para as artes, por exemplo, um esforço médio, produzirá resultados médios. Assim, para que alguém se distinga, em média dos outros que fazem o mesmo, terá de se esforçar mais do que eles. Quase que se pode dizer que o nível de esforço para se alcançar a perfeição é representado por uma função logarítmica. Embora, por vezes, esse esforço possa não ser notório na altura em que se consegue o sucesso, existirá por certo um grande trabalho de preparação.

- **Sendo tudo o resto constante, a facilidade com que se atingem os objetivos é diretamente proporcional à adequação entre o perfil pessoal e as características da função.**

Como iremos abordar mais à frente, a escolha da pessoa certa para o lugar certo é fundamental para que se obtenham bons resultados. Embora o homem seja caracterizado por um elevado grau de adaptabilidade, desempenhos de excelência só serão possíveis com combinações perfeitas homem/função. Sempre que se admitir um novo colaborador será necessário definir muito bem a função, traduzir os requisitos da função em características pessoais e escolher um candidato cujo perfil seja compatível.

- **Pessoas mal dirigidas desperdiçam muita energia.**

Por mais motivadas que as pessoas possam estar, se não lhes for dada a oportunidade de fazer, fornecidos os meios adequados e comunicado claramente o que delas se espera, muita energia é desperdiçada. Como refere Herzberg na sua teoria dos dois fatores, uma das razões apontadas para a insatisfação é um qualquer problema com a chefia. Com chefes inadequados, que não comuniquem claramente o que se tem que fazer, que não acompanhem quando necessário e, pior, quando não avaliem bem o desempenho, em especial, quando estão recompensas envolvidas, é meio caminho andado para ter pessoas desmotivadas. Também é fundamental que as chefias conheçam bem as expectativas e as necessidades dos seus colaboradores, sob pena de que aquilo que é relevante para eles, não seja o que as chefias pensam.

Num estudo realizado por Robert Kahn (1958), pediu-se a chefias de primeira linha que indicassem quais os fatores que eles consideravam que os seus subordinados achavam mais importantes no emprego. Quererem salários elevados foi apontado em 61% dos casos como um dos três fatores mais importantes. Não ter de trabalhar muito foi também julgado por 30% das chefias como um dos primeiros três fatores de satisfação dos colaboradores. No entanto, só 28% dos colaboradores é que colocaram o salário elevado como uma das três coisas mais importantes num emprego. Também só 13% é que disseram que ter de trabalhar pouco estava nas três primeiras posições em termos de critérios de valorização de empregos.

Como vê, existe uma diferença significativa de opiniões. Talvez os segundos tenham mais razão. Afinal, cada um de nós é que sabe aquilo que valoriza mais ou menos... mais, quando esses mesmos chefes foram interrogados, responderam de forma muito semelhante à dos seus colaboradores.

- **Pessoas sem formação não produzem resultados de excelência.**

Ninguém pode fazer o que não conhece. Muitas teorias, técnicas e procedimentos têm sido desenvolvidos ao longo dos tempos. Esse conhecimento foi fruto do trabalho e da inteligência do homem e tem-se vindo a acumular ao longo da história da humanidade. Não faz sentido, apesar da inteligência do homem e do desafio que isso possa representar, descobrir o que já está descoberto. A formação é o processo pelo qual esse património cultural, técnico e científico é transmitido aos participantes organizacionais. Assim, a montante de qualquer sistema de recompensas e incentivos, deve ser garantido que as pessoas a quem se destina estão devidamente preparadas para poderem desempenhar as suas funções, com todo o conhecimento necessário e suficiente.

- **As pessoas só se esforçam porque querem.**

As pessoas só fazem as coisas bem quando e porque querem. E podem querer porque têm medo de perder o emprego, porque ganham mais com isso, porque os outros vão saber e isso as deixa orgulhosas, porque gostam de fazer bem porque a tarefa lhes dá prazer, ou porque, simplesmente, ficam bem com a sua consciência ao fazer bem. Dizer que há pessoas preguiçosas e pessoas esforçadas, no geral, é um erro (embora a natureza nos brinde com maior ou menor energia). Existem pessoas com maior e menor necessidade de realização. Existem tarefas que são mais gratificantes para uns e menos para outros. Mas mesmo as pessoas com menor necessidade de realização, ou que gostem menos do que estão a fazer, podem ser «convencidas» a esforçarem-se. Nunca se deve partir do princípio de que as pessoas se esforçam porque alguém quer. As escolhas são individuais e pessoais e podem recair num ponto qualquer de uma escala entre a alienação e o empenho total. Um bom sistema de remunerações e incentivos, juntamente com um bom sistema de avaliação de desempenho, evita a alienação total e possibilita o empenho total.

- **As pessoas só escolhem trabalhar mais quando isso for mais gratificante do que escolher o contrário.**

Quando se leva um trabalho para casa no fim de semana ou se fica até mais tarde no escritório é porque isso é mais gratificante do que não o fazer. Isto normalmente acontece quando existe uma grande coincidência entre os interesses da pessoa e a atividade que desempenha (recompensas intrínsecas) e/ou quando a pessoa espera que no final da tarefa lhe seja dado algo que ela valorize (recompensas extrínsecas). Em suma, as pessoas escolhem esforçar-se porque anteveem resultados mais positivos do que se não o fizerem.

COMO CONSEGUIR BONS DESEMPENHOS

«Convencer» um colaborador a esforçar-se nem sempre é fácil. Muitas vezes isso é tentado através de atitudes mais ou menos autoritárias cuja eficácia foi posta em causa por diversos estudos. Num deles, realizado por Seashore e Georgopoulos (1960), onde se relacionava a pressão que as pessoas sentiam para aumentar a produtividade e o nível real de produtividade, verificou-se que em dez departamentos onde a pressão era sentida como baixa, nove apresentavam produtividade acima da média. Em onze departamentos onde a pressão era sentida como média, somente cinco produziam acima da média. Em dez onde a pressão era sentida como elevada, somente um apresentava a produtividade acima da média.

Outro estudo (Likert e Willits, 1940) mostra os efeitos de se trocarem chefias de departamentos de alta e baixa produtividade, possuidores de estilos de liderança diferentes para se observarem os resultados. O que normalmente acontece é que os chefes orientados para a tarefa (menos relacionais) tendem a fazer baixar a produtividade do departamento para onde iam. Os outros, os orientados para o empregado (mais relacionais), tendem a fazê-la aumentar.

Eis alguns passos que se podem seguir para produzir a vontade de fazer mais e melhor:

- **Criar uma atitude pró-ativa e de autoconfiança nos colaboradores.**

Muitas vezes, as pessoas podem ter medo do fracasso, ou seja, receio de não conseguirem atingir os objetivos e das consequências que daí lhe possam advir, o que faz com que não se comprometam com objetivos muito ambiciosos, tornando mínimo o esforço despendido. Este comportamento pode derivar essencialmente de duas situações: (1) falta de formação; e (2) pouca autoconfiança. O primeiro problema resolve-se através de um apoio constante por parte da chefia e, se necessário, a frequência de ações de formação específicas; o segundo, utilizando os seguintes princípios:

- Definir períodos de aprendizagem durante os quais se admite desempenhos menos bons;
- Ir dando sucessivamente mais autonomia às pessoas, fornecendo-lhes frequentemente *feedback* positivo;
- Encarar os fracassos em conjunto como fatores de desenvolvimento e progresso.

- **Convencer os colaboradores que o bom desempenho será recompensado.**

Vários estudos mostram que a intensidade da motivação é influenciada pela certeza que se tem de o desempenho permitir alcançar um objetivo que, por sua vez, pode satisfazer necessidades, na forma de uma recompensa desejada. Existem vários tipos de recompensa, cada um dos quais adequados a cada classe de necessidades. Desde promoções a aumentos salariais, passando pela oferta de viagens, passagem a efetivo ou um simples obrigado, a certeza de obter uma recompensa como consequência de um bom desempenho é fundamental. A melhor forma de convencer as pessoas disto é cumprir as promessas feitas e tornar o mais público possível a atribuição de prémios. E para que isso seja o mais bem feito possível, deve ser baseado num sistema de avaliação de desempenho claro e equitativo. Falhar em cumprir o prometido uma vez compromete a credibilidade futura no que a recompensas diz respeito.

Muitas vezes, uma recompensa pode não estar associada a fatores exógenos à função, ou seja, recompensas extrínsecas. São exemplo disso o dar uma maior autonomia no desempenho de uma função, dar tarefas mais variadas ou mais desafiantes. Sempre que a capacidade dos colaboradores o permitir não se deve hesitar em proporcionar este tipo de recompensas.

- **Ser justo na atribuição das recompensas.**

Isto é, por vezes, difícil de conseguir. No entanto, pode fazer algumas coisas para maximizar a equidade:

- Definir bem as «regras do jogo» e cumpri-las;
- Não abrir exceções aos princípios definidos;
- Recompensar desempenho e não pessoas;
- Sempre que existir a necessidade de alguma alteração deve ser explicada a sua lógica;
- Dar oportunidades iguais a todos os colaboradores;
- Dar recompensas proporcionais aos resultados.

É muito difícil que as pessoas se considerem, sem exceção, tratadas com justiça. O facto da generalidade dos seres humanos atribuir aos seus sucessos mais fatores pessoais do que situacionais, aos sucessos dos outros mais fatores situacionais do que pessoais, aos seus fracassos mais fatores situacionais do que pessoais e aos fracassos dos outros mais fatores pessoais do que situacionais, faz com que a justiça possa ser entendida por cada um à sua maneira.

- **Identificar os sinais de frustração e ajudar a eliminá-la.**

Diz-se que existe uma frustração quando qualquer barreira não removível se intromete entre uma necessidade e a sua satisfação, como vimos atrás. Em termos profissionais, os principais fatores causadores de frustrações são a falta de meios técnicos e humanos, os orçamentos reduzidos, a falta de formação, o mau relacionamento com a chefia e, mesmo, a falta de «sorte». Quando um sujeito fica frustrado desenvolve uma tensão interna que provoca um mal-estar físico e psicológico. Para se livrar dele utiliza o que Freud designou por mecanismos de defesa. Reconhecer que um colaborador está frustrado pode passar por ter de compreender e reconhecer a utilização desses mecanismos. Os principais são os seguintes:

- Agressividade – lidar com os outros de uma forma muito combativa;
- Deslocamento – mostrar agressividade em relação a objetos inanimados ou outras pessoas;
- Fixação – repetição de ações ineficazes de uma forma continuada;
- Fantasia – perca de tempo com sonhos e esperanças de concretização de objetivos irrealizáveis;
- Pessimismo – negativismo sistemático e irrealista;
- Resignação – desistência de lutar pelas coisas;
- Racionalização – justificações irrealistas para os fracassos;
- Projeção – atribuição aos outros da culpa dos seus fracassos.

Sempre que algum destes sinais surja, a situação deve ser analisada em conjunto pela chefia e subordinado e removidos os obstáculos existentes a uma conduta produtiva de forma a satisfazerem-se, simultaneamente, as necessidades das pessoas e os objetivos da organização.

- **Ser claro na definição das expectativas.**

É importante que as pessoas tenham plena consciência do que se espera delas. A falta de explicitação dos objetivos pode levar a que cada participante organizacional subentenda o que dele se pretende, correndo-se o risco de existir um grande desperdício de esforços. A definição das expectativas deve ser feita a dois níveis: ao nível do que se pretende como resultado final e ao nível da forma como esse resultado final deve ser atingido. Na definição dessas expectativas deve ser-se tão específico quanto possível e deve procurar-se obter acordo em relação aos objetivos e métodos. Deve ainda ficar claro que, embora o esforço seja apreciado, são os resultados concretos que são valorizados em termos de avaliação de desempenho.

O acrónimo SMART em inglês é muitas vezes usado para resumir a forma como se deve estabelecer um objetivo:

Specific (específico): bem definido, claro, sem ambiguidade
Measurable (mensurável): com critérios que permitem medir o progresso na realização do objetivo
Achievable (atingível): que não é impossível de atingir
Relevant (relevante): estabelecido dentro do que é importante para a empresa na área em questão
Time-Bound (definido no tempo): com um prazo definido, incluindo datas de início e de fim.

O PENSAMENTO DE DANIEL PINK

Um autor atual que tem vindo a ganhar «palco» com grande audiência é Daniel Pink, e as suas ideias sobre motivação que fazem sentido conhecer. Voltaremos a elas mais à frente, mas resumiremos, em seguida, os princípios gerais.

Segundo o autor, a motivação intrínseca assenta em três variáveis: autonomia, domínio e propósito.

- **Autonomia** – consiste no desejo em controlarmos as nossas próprias vidas, realizando as tarefas do modo que julgamos o melhor e obtendo com isso uma sensação de prazer e felicidade.
- **Domínio** – é o desejo de melhorarmos cada vez mais naquilo que fazemos. Quando temos a oportunidade de aprender constantemente significa que cada dia é diferente do outro, e todo dia seremos melhores do que no dia anterior.
- **Propósito** – perceber onde o nosso trabalho se encaixa dentro da organização dá-lhe sentido e torna possível notar como uma melhoria no desempenho individual impacta no resultado final.

Segundo Pink, estes três fatores podem representar a resposta a dúvidas como: como motivar os meus subordinados? Como estimular funcionários a serem inovadores? O que preciso de fazer para a minha equipa ser mais criativa? Como posso inspirar os meus colegas de trabalho?

Muitas vezes, as organizações procuram solucionar todos os problemas envolvendo o compromisso de colaboradores com dinheiro ou prémios. Mas será esta a única alternativa? Daniel Pink cita o exemplo da Wikipedia para ilustrar suas ideias sobre motivação. A maior enciclopédia do mundo é construída por um grande número de colaboradores voluntários que escrevem os artigos simplesmente por prazer: **sem salários, bónus, chefes, carga horária a cumprir, escritório, etc**. Bem diferente de um projeto iniciado pela Microsoft conhecido como Encarta, que tinha o mesmo objetivo, criar a maior enciclopédia do mundo, porém, para isto, seguiu o caminho tradicional: empregados assalariados, organogramas, prédios abarrotados de pessoas, e assim por diante. A Encarta não vingou e jamais chegou aos pés do que a Wikipédia é hoje.

Outro exemplo de sucesso empresarial da aplicação dos princípios da autonomia, domínio e propósito é a empresa australiana de Softwares Atlassian, que criou um projeto chamado de **FedEx Days**. Algumas vezes por ano, a Atlassian «manda» os seus engenheiros trabalhar em qualquer coisa que quiserem nas próximas 24 horas, desde que não seja algo que faça parte do seu trabalho regular. O projeto tem este nome, pois a pessoa tem que entregar aos seus colegas de trabalho algo de valor de um dia para o outro.

A empresa Google faz algo bem parecido, permitindo que os funcionários trabalhem 20% da sua carga horária em projetos que não tenham nenhuma relação com o seu trabalho-padrão. A maioria dos novos produtos e serviços da empresa surgiu assim, tais como Gmail, Orkut, Google News, etc.

O Fedex Days da Atlassian, assim como os «20% de trabalho livre» do Google mostram-nos como um tempo em **busca de algo maior (propósito)** com intensa **autonomia** e **crescimento pessoal** produz uma vasta gama de soluções «fora da caixa» que talvez nunca fossem criadas na rotina tradicional de trabalho, mesmo com incentivos financeiros e bonificações.

NOTAS FINAIS

Todas as ideias anteriormente apresentadas, como tem sido aliás indicado, fazem parte do conhecimento que se tem vindo a acumular na área da psicologia das organizações. Este conhecimento tem vindo a proporcionar melhorias na qualidade de vida e na produtividade dos trabalhadores de todo o mundo. As grandes organizações são, normalmente, as primeiras a investir em programas para pôr em prática os novos conceitos e periodicamente são relatados casos (pontuais) de sucessos, como os imediatamente anteriores referidos.

No entanto, importa reter que o exercício da gestão é uma atividade sistémica, com muitas variáveis e múltiplas interações entre elas, sendo que conseguir atrair e reter talento e motivar «as tropas» reveste-se da maior importância.

Dominar os conceitos subjacentes à motivação humana deve ser uma prioridade para um gestor ou CEO bem-sucedidos. No entanto, também é certo que podem existir variações na forma de reagir das pessoas a certos estímulos e que dependem da sua natureza única, da fase de vida em que se encontram, do seu estado emocional, enfim, da sua relação com a vida, a cada momento. Deste modo, quando se trata de tentar implementar políticas para incrementar o desempenho, embora não se deva dar menos importância às variáveis mais *soft*, ou seja não relacionadas com dinheiro, temos de ter consciência que a generalidade das pessoas trabalha e espera receber uma compensação. Maior será melhor do que menor e, desde que alinhada com um ganho proporcional para a organização, dir-se-á mesmo que é devida. No capítulo sete abordaremos mais em detalhe o papel dos incentivos, essencialmente financeiros, que são ferramentas essenciais para o bom funcionamento das organizações e para a melhoria da produtividade. Mas para saber escolher como utilizar, quando utilizar e em relação a quem utilizar e que resultados esperar, é de todo conveniente ter entendido os conceitos apresentados neste capítulo.

No próximo capítulo iremos abordar alguns conceitos fundamentais sobre avaliação de desempenho. Qualquer sistema de remunerações que inclua sistemas de incentivos, globais ou pontuais, deve estar assente num sistema de avaliação de desempenho sólido e coerente. Variáveis como reconhecimento e equidade, que como vimos são fundamentais para a motivação para fazer mais e melhor, dependem totalmente de um sistema de avaliação de desempenho visto como adequado pelos colaboradores de uma organização.

CAPÍTULO 4
Princípios-base sobre avaliação de desempenho

Neste capítulo iremos analisar os princípios genéricos a que deve obedecer um sistema de avaliação de desempenho. É um tema fundamental quando se fala de incentivos, uma vez que para implementar qualquer sistema que contemple incentivos, ou qualquer sistema meritocrático, é imprescindível que se consigam medir os resultados do desempenho das pessoas. É um assunto um pouco teórico, mas vale a pena investir o seu tempo na sua compreensão.

No final deve ser capaz de avaliar a solidez de um sistema de avaliação de desempenho de um ponto de vista conceptual. No capítulo seguinte, mais prático, verá exemplos de sistemas de medida do desempenho.

No capítulo anterior vimos alguns dos fatores determinantes do desempenho. Para conseguir implementar uma política de remunerações efetiva, com componentes ligadas ao desempenho, há que entender como as pessoas se comportam, o que as motiva, para as «incentivar» da melhor forma. Para além disso é necessário entender como «medir» o desempenho para se saber quem ganha o quê e porquê. Nos próximos dois capítulos iremos procurar explicar como avaliar o desempenho dos colaboradores de uma organização, para que seja possível, de uma forma transparente e objetiva, atribuir bónus ou incentivos.

A avaliação de desempenho pode ser definida como o processo pelo qual uma organização mede a eficiência e eficácia dos seus colaboradores. No geral, o processo serve como uma ferramenta de auditoria e controlo da contribuição para os objetivos e/ou resultados dos participantes organizacionais.

No entanto, na prática, este processo é muito difícil de pôr a funcionar, por várias razões:

- Em primeiro lugar, a avaliação de desempenho pode ter vários objetivos, desde a avaliação do sucesso dos processos de recrutamento e seleção, passando pela avaliação do potencial de liderança, ou pela aferição da eficácia da formação, à tomada de decisões relativas a prémios;
- Em segundo lugar, avaliar o desempenho é, em si mesmo, uma tarefa difícil, dada a pluralidade de fatores (ambientais, organizacionais e individuais) que o influenciam;

- Finalmente, um sem número de questões éticas e emocionais podem ser levantadas, tendo em consideração que o processo pode ter profundas implicações no futuro das pessoas.

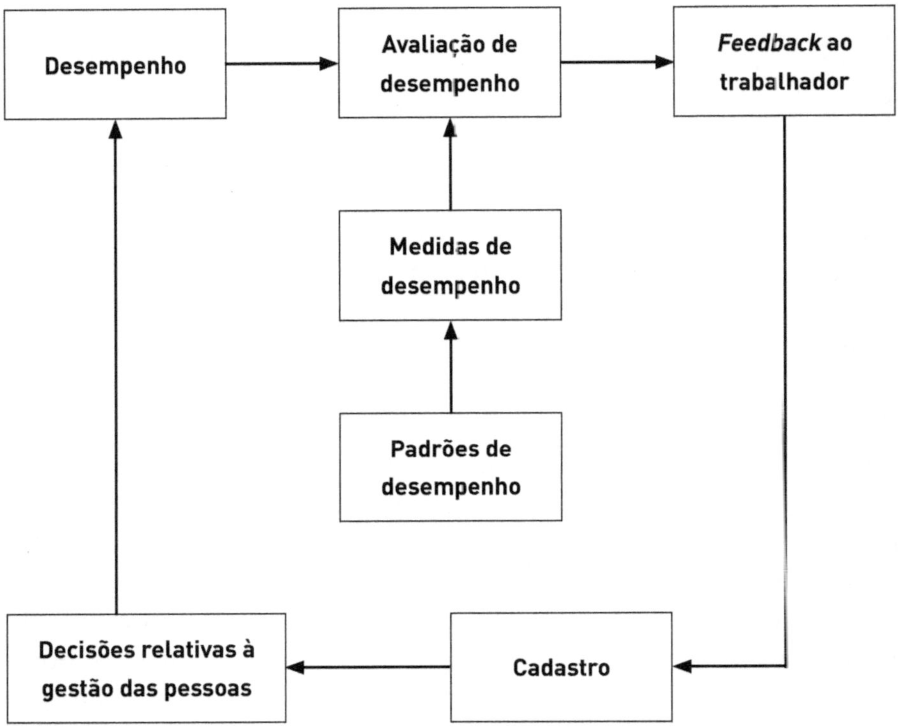

A avaliação de desempenho toma maior importância à medida que a globalização e a pressão para a melhoria de produtividade se tornam imperativos de sobrevivência para a generalidade das organizações. Diria mesmo que esta área é, dentro da gestão de recursos humanos, talvez a de maior relevância para a gestão, senão vejamos: quando se fala em produtividade é necessário ter em consideração que os custos com pessoal representam cerca de 50% do orçamento de exploração numa empresa industrial e cerca de 80% em organizações não-industriais. Assim, a atenção dos gestores tem sido cada vez mais dirigida para procedimentos que permitam monitorar a evolução do desempenho das pessoas, com o objetivo último de obter ganhos de produtividade.

Para que esses ganhos possam existir, é necessário que sejam cumpridas três condições:

- tem que se desenvolver uma cultura organizacional virada para o desempenho. Todos na organização devem centrar a sua atenção na *performance* e nos ganhos de produtividade;
- devem ser implementados sistemas que possam medir com fidelidade o desempenho;
- os resultados dessas medições devem dar origem a melhorias que, por sua vez, aumentem os resultados da organização ou outra medida de produtividade.

Uma definição de avaliação de desempenho possível, entre as muitas existentes, é a que se segue: A avaliação de desempenho é um processo estratégico que pode ser usado como ferramenta de gestão. É um processo pelo qual o desempenho é medido e dirigido para objetivos individuais, grupais e organizacionais específicos.

AVALIAÇÃO DE DESEMPENHO – PARA QUE SERVE?

Como instrumento, o resultado da avaliação de desempenho deve ser capaz de retratar, tão fielmente quanto possível, o comportamento do indivíduo em situação de trabalho. O primeiro objetivo da avaliação de desempenho é conhecer. Este conhecer abrange todo o contexto empresarial, naquilo que ele tem de condicionantes ambientais, políticas, procedimentos e elemento humano.

Uma das grandes preocupações dos gestores, e cuja resposta procurou parcialmente ser dada no capítulo anterior, reside no diagnóstico adequado das reais motivações daqueles com quem trabalham. O facto de serem capazes de lidar adequadamente com as necessidades e expectativas daqueles pelos quais respondem, tem apresentado como retorno o aumento dos níveis de produtividade. Portanto, a avaliação de desempenho e a consequente orientação que ela pressupõe tem constituído, para os empresários e gestores, um instrumento eficaz na gestão de pessoas.

A correta utilização deste instrumento pode transmitir:

- a sensação de verdadeira segurança em termos de carreira a curto, médio e longo prazo;
- a satisfação de necessidades sociais e de integração, no sentido de que quem trabalha faz parte de um grupo e necessita de sentir-se adequadamente posicionado sob esse aspeto;
- o sentido de importância da própria atividade em relação às atividades dos demais colegas;
- o aspeto da possibilidade do desenvolvimento das próprias competências e pontos fortes.

Por sua vez, existem perguntas, frequentemente formuladas pelos colaboradores, a que este processo pode ajudar a responder:

- Quais são realmente as tarefas que devo desenvolver?
- Quais as expectativas do meu chefe em relação ao meu desempenho?
- Como é que me estou a sair?
- Qual o impacto dos meus pontos fortes e fracos?

Num estudo efetuado por Bruns e McKinnon (1992), concluiu-se que a existência de sistemas de avaliação de desempenho aumenta o conhecimento específico dos postos de trabalho por parte dos seus ocupantes.

Como ferramenta de diagnóstico, quando bem utilizada, a avaliação de desempenho deve ser vantajosa para todos. Ao contrário do que se pensa muito frequentemente, não deve ser considerada como um ajuste de contas, mas sim como o retrato fiel do resultado do comportamento de cada um, em situação de trabalho, atendendo a expectativas diferentes quanto:

À empresa em si, que conhecendo melhor os seus *inputs* humanos poderá conseguir uma maior produtividade dos mesmos, procurando atingir melhores níveis de satisfação, ao detetar problemas que estejam a dificultar ou a impedir a utilização desses mesmos *inputs*.

Ao **avaliador** que, via de regra, é o próprio chefe direto do avaliado, que não somente reafirmará a sua autoridade sendo justo e avaliando com segurança, mas também poderá validar a sua capacidade de liderança, uma vez que entenda ser a conduta dos seus colaboradores o reflexo da forma como exerce o seu papel de chefia.

Ao **avaliado**, que em condições «normais» está preocupado com a sua produtividade e, consequentemente, em saber como se está a sair. Conhecendo ele a importância dos seus pontos positivos e aquilo que o impede a fazer melhor, poderá reivindicar tudo o que necessita para que os objetivos definidos possam ser devidamente alcançados.

Como síntese, podemos citar Drent (1984) ao referir os grandes objetivos da avaliação de desempenho na gestão, a saber:

- melhorar a produtividade, motivação e desenvolvimento das capacidades pessoais;
- auxiliar nas decisões de organização e gestão de pessoal (salários, prémios, promoções, transferências, etc.);
- identificar candidatos potenciais para funções de maior responsabilidade;
- escolha de critérios de seleção e formação.

Empresa com objetivos coerentes *Empresa sem objetivos coerentes*

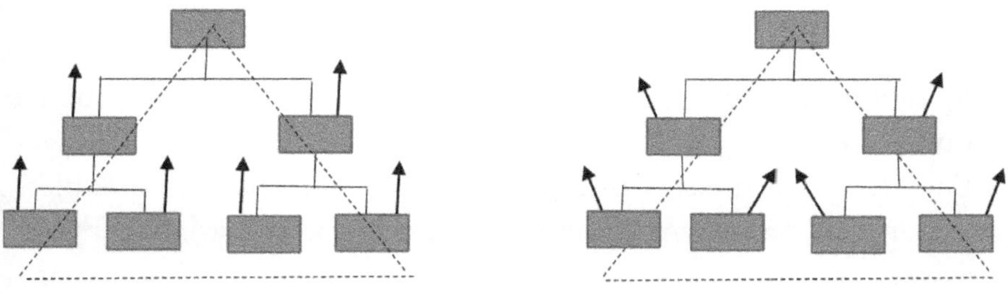

A abrangência de um sistema de avaliação de desempenho deve ser total. Todos, sem exceção, devem ser avaliados. Ainda que não explicitamente, pelo menos implicitamente. É muito importante que a avaliação de desempenho seja vista por todos os colaboradores, com funções de enquadramento, como mais uma das tarefas de que é composta a sua função.

Através de inquéritos realizados nos anos 70 e 80 nos EUA, no Reino Unido e na Holanda, verificou-se que mais de 70% das empresas destes países recorrem a um sistema formal de avaliação de desempenho. Hoje, o número será muito maior.

O QUE DEVE SER AVALIADO?

O desempenho é um fenómeno complexo; tem várias dimensões. Um dos principais problemas com que qualquer gestor, que pretenda fazer uma avaliação, se defronta, é determinar quais as dimensões que deve avaliar. Investigadores da área do comportamento organizacional têm estudado o que designam por **nível** ou **unidade de análise**.

O desempenho pode ser avaliado a quatro níveis:

- **Resultados globais** – que têm a ver com indicadores da eficácia e eficiência da organização, como um todo;
- **Resultados divisionais ou sectoriais** – em que se analisa o desempenho das várias unidades funcionais e operacionais que fazem parte da organização;
- **Resultados de funções individuais** – o objeto de análise é o resultado final do desempenho de uma função que não de gestão;
- **Comportamento individual** – avalia-se a forma de estar e de desempenhar uma função.

Relacionado com a questão do que deve ser avaliado está a questão de que nível se deve avaliar.

É um facto que uma organização emprega pessoas para atingir objetivos organizacionais (lucro, crescimento, eficiência, serviço). No entanto, exceto se considerarmos o nível hierárquico mais elevado, é pouco provável que qualquer alteração nos indicadores de eficácia organizacional se fique a dever ao desempenho de um único indivíduo. Outros fatores (por exemplo, o comportamento de outros colegas e grupos, a entrada de novos concorrentes, a conjuntura económica em geral, etc.) influenciam decisivamente os resultados organizacionais.

No extremo oposto, investigadores demonstraram que a medição de traços individuais gerais (por exemplo, inteligência, aptidão numérica) é de utilidade duvidosa na avaliação de desempenho. Na prática, a maioria dos sistemas de avaliação utiliza uma combinação de níveis de análise algures entre os dois extremos, sendo o mais «micro» o comportamento individual, expresso em competências.

Se tem de se decidir sobre **promoções**, **transferências** ou **demissões**, o que está em causa é o mérito individual. Logicamente, nestas situações, o nível desejado é o que está relacionado com os **resultados da função** ou os **comportamentos individuais**. Se o objetivo for fornecer *feedback* com a finalidade de melhorar eventuais pontos fracos, também serão esses os níveis a avaliar.

Diagnosticar necessidades de formação ou avaliar a sua eficácia representa outra das finalidades da avaliação de desempenho. Nestas circunstâncias, o gestor pretenderá ter informação ao nível dos **comportamentos**. O mesmo se aplica se o objetivo for **validar decisões de seleção ou de promoção**.

O nível adequado para análises de mérito depende, também, da natureza da função e da forma como o trabalho está organizado. Se a gestão se preocupa, unicamente, com o mérito individual, resultados individuais serão os mais apropriados para serem uma unidade de análise. Noutros casos, os próprios processos podem tornar impossível determinar as contribuições individuais; nestas situações, a análise dos resultados divisionais (ou grupais) parece ser a mais adequada.

Mas uma coisa parece merecer o acordo da generalidade dos práticos e académicos: a autorregulação do sistema organização será tanto melhor quanto mais níveis e pessoas se conseguirem avaliar corretamente.

O nível em avaliação condiciona, por sua vez, os indicadores a utilizar no processo. Mas, para além do nível e, em especial, no que respeita a elementos com funções de gestão, é o grau de responsabilidade que determina quais os elementos a considerar para avaliação. Por detrás desta ideia está pressuposto que **ninguém pode ser avaliado por efeitos de decisões que não controla.**

Ao ser feita a avaliação de desempenho com base em orçamentos é comum isolar as organizações em centros de responsabilidade. Cada centro de responsabilidade tem um orçamento próprio e o seu responsável será avaliado pela utilização dos recursos. O centro utiliza recursos (medidos em termos de custos ou despesas) para produzir um produto ou serviço (medido em termos de volume de unidades ou receitas). Existem basicamente cinco principais tipos de centros de responsabilidade:

- **Centro de custos (*standard*)** – Essencialmente utilizado em empresas industriais, os custos *standard* (ou esperados) são calculados com base em dados históricos. Para avaliar este tipo de centros, os custos *standard* totais são multiplicados pelo número de unidades produzidas; o resultado é o custo esperado de produção que, por sua vez, é comparado com os custos reais.
- **Centro de receitas** – A produção, em valor ou quantidade, é medida sem levar em consideração o custo dos recursos utilizados (salários, produtos, etc). A operação é avaliada, não em termos de eficiência, mas antes de eficácia.
- **Centro de despesa** – Os recursos são medidos em valor e independentemente dos custos dos produtos ou serviços. Os orçamentos são elaborados com dois tipos de despesas: as que podem ser exatamente previstas e as discricionárias, ou que não podem ser previstas com exatidão. Exemplos são os departamentos administrativos, de investigação e de assistência.
- **Centro de lucro** – O desempenho é avaliado pela diferença entre os custos e os proveitos. O centro de lucro só pode ser criado desde que o seu responsável tenha controlo, quer sobre os custos, quer sobre os proveitos. Muitas empresas estão organizadas por produtos, sendo cada uma das divisões responsável por um ou vários produtos, desde a fabricação até à comercialização. Algumas unidades organizacionais, que não são normalmente consideradas autónomas, poderão ser transformadas em tal, para efeitos de avaliação. Um departamento de produção pode ser convertido, de centro de custos ou de despesa, em centro de lucro, autorizando-o a cobrar um «preço de transferência» por cada unidade que «vende» ao departamento comercial. Este tipo de atuação é frequentemente encontrado em organizações com um grande grau de integração vertical e em que seja fácil determinar o preço em função das quantidades. No entanto, existem

situações em que esse preço não pode ser facilmente determinado. Nessas situações é frequente ser mais a capacidade negocial dos responsáveis pelos centros a influenciar o «preço de transferência» do que considerações de ordem estratégica.

- **Centro de investimento** – Tal como nos centros de lucro, estes centros também são avaliados pela diferença entre custos e proveitos. No entanto, o capital utilizado para produzir os lucros também é tido em consideração para efeitos de avaliação. Não é a mesma coisa ter 500 000 € de lucro com uma empresa com um ativo de 500 000 € ou com um ativo 2 000 000 €. Assim, desde que o responsável do centro tenha autonomia para decidir sobre investimentos de capital, a análise do seu desempenho deve entrar em linha de conta, também, com a relação lucro/ /investimento.

QUAIS AS CARACTERÍSTICAS QUE DEVE TER UM SISTEMA DE AVALIAÇÃO?

Um sistema de avaliação de desempenho é, antes de mais, um sistema de controlo, um instrumento de medida. Qualquer sistema de controlo deve obedecer a um conjunto de pressupostos que o tornem útil e formalmente correto. No caso concreto da avaliação de desempenho, existe um conjunto de características que se revelam de particular importância para o sucesso do procedimento e que incluem: equidade e exatidão, fidelidade, validade, simplicidade, oportunidade, economicidade, bom direcionamento da informação, seletividade, flexibilidade, envolvência e deteção de sucessos.

Equidade e exatidão

Um estudo empírico Landy *et al.* (1985) concluiu que para que os processos de avaliação conduzam a melhorias de desempenho têm de ser percebidos como justos e exatos pelos participantes organizacionais. Para além disto, os mesmos autores apresentam evidência empírica de que é mais o processo ou o método utilizado para avaliar que condiciona a satisfação de quem é avaliado do que a pontuação obtida ou o resultado da avaliação.

Num estudo semelhante, dois investigadores, Dipboye e Pontbriant (1981), mostraram que as seguintes perceções estavam positivamente correlacionadas com uma reação favorável ao processo de avaliação de desempenho: a possibilidade de os avaliados poderem emitir a sua opinião em relação à sua avaliação; a relevância dos indicadores utilizados na avaliação; a discussão de planos e dos objetivos durante a sessão de avaliação.

Um outro estudo, Mount (1983), descobriu que as reações de elementos com funções de gestão e de elementos sem funções de gestão aos sistemas de avaliação, não são similares. Os investigadores descobriram que o grau de satisfação dos gestores com o processo de avaliação depende da perceção da correção na avaliação específica de cada um dos vários indicadores em que são avaliados, ou seja, são mais sensíveis à correção da avaliação em cada um dos fatores em que são avaliados do que ao resultado da avaliação global. Por outro lado, os não gestores são mais sensíveis à avaliação global, no que respeita a fazer juízos de valor sobre a equidade e correção do processo de avaliação a que são submetidos.

Fidelidade

Quando qualquer coisa é medida, há a possibilidade de ocorrerem erros devidos ao acaso. As variações de resultados obtidos com o mesmo processo de avaliação aplicado mais do que uma vez aos mesmos indivíduos, não se devem, exclusivamente, a fatores ocasionais ou estranhos ao processo (que devem ser tanto quanto possível minimizados), mas também a diferenças reais entre os desempenhos dos indivíduos submetidos ao processo. Para além disto, ainda poderão diferir devido aos defeitos do sistema utilizado para avaliar.

A fidelidade consiste na possibilidade de o sistema fornecer resultados consistentes em várias medições e significa o grau em que os resultados obtidos estão isentos de erro derivado do instrumento de medida.

O termo fidelidade tem duas conotações relacionadas, mas de certo modo distintas. Primeiro, refere-se à consistência interna, isto é, a consistência dos dados ao longo da avaliação. Quando dois itens de uma avaliação medem o mesmo aspeto do desempenho do participante organizacional, as avaliações em ambos devem concordar. Segundo, refere-se ao fornecimento de resultados constantes quando utilizado várias vezes seguidas no pressuposto de que as variáveis a analisar não sofreram alterações. Se, por exemplo, a variedade de produtos existentes numa loja não sofreu alteração, de uma semana para a outra, a avaliação da variedade pelos clientes deve fornecer os mesmos resultados.

Na prática, existe uma série de fatores pessoais e situacionais, que podem levar à inconsistência ou instabilidade na avaliação de desempenho. O grau de exigência do avaliador nos casos em que se tem de atribuir pontuações a determinadas dimensões que não por comparação com padrões previamente definidos, pode distorcer completa e sistematicamente os resultados da avaliação.

Passamos a apresentar alguns fatores situacionais suscetíveis de influenciar a avaliação de desempenho:

A **pressa** com que a avaliação é efetuada pode levar o avaliador a negligenciar a importância de algumas dimensões do desempenho. Se, por exemplo, o desempenho de uma função deve ser avaliado em termos de rapidez, precisão e desperdícios, analisar só duas destas dimensões, por «falta de tempo» para considerar a terceira, pode falsear completamente o processo.

A **altura** em que o avaliador faz a avaliação pode também interferir. Se escolher uma ocasião em que a sua atenção esteja a ser fortemente solicitada para outros assuntos, é provável que o resultado da avaliação seja afetado por isso.

O **efeito de contraste** é outro fator que pode enviesar os resultados. Este efeito pode verificar-se quando se avalia alguém muito diferente (melhor ou pior) do que o avaliado anterior. O contraste entre os dois pode provocar uma «radicalização» da avaliação.

Finalmente, um conjunto de fatores situacionais ligados com o avaliador (fadiga, disposição, etc.) poderão ainda tirar consistência ao processo.

Para além destes fatores situacionais, alguns fatores estruturais podem influenciar a fidelidade. Uma deficiente descrição das funções pode fazer com que a avaliação seja inconsistente, por poder dar origem a que dois gestores de nível idêntico avaliem diferentemente colaboradores com desempenhos idênticos, devido a diferentes pesos atribuídos às tarefas que constituem a função.

Melhorar a **fidelidade** passa por vários pontos:

Em primeiro lugar, descrever corretamente as funções é fundamental, antes de se pensar em iniciar qualquer processo de avaliação de desempenho. Sempre que possível, o resultado das várias tarefas que compõem as funções deve ser quantificado e temporizado e os objetivos definidos em conformidade. (Lembre-se do processo SMART referido em capítulo anterior.)

No que respeita ao método, ele deverá ser tão **formal** e ***standard*** quanto possível, respeitando o pressuposto de simplicidade à frente referido. A escolha da ocasião para efetuar a avaliação deve ser cuidadosa, por forma a evitar interrupções que desconcentrem o avaliador.

O efeito de contraste pode ser minimizado marcando as avaliações com intervalo suficiente entre si.

No que respeita ao grau de exigência do avaliador, um processo que envolva **definição de objetivos**, só por si, elimina o impacto desta variável. No entanto, para fatores ou dimensões mais subjetivas, desde que quantificados, existem métodos estatísticos que permitem a minimização desse efeito.

Para tentar minimizar os efeitos de disposição e oportunidade dos intervenientes no processo, é conveniente utilizar um processo de avaliação que permita acordar as datas de realização das entrevistas segundo a conveniência dos intervenientes.

Aumentar o número de itens do instrumento de avaliação pode também auxiliar a diminuir o impacto de uma definição de funções menos boa.

O aumento do número ele avaliadores é outro fator que aumenta a fidelidade do processo. Por exemplo, perguntar a 10 clientes o que pensam sobre a simpatia de determinado colaborador é, provavelmente, menos fidedigno do que perguntar a 100.

Validade

Esta característica refere-se ao grau em que o processo mede, efetivamente, a contribuição para os objetivos ou resultados organizacionais. A criação de um sistema de avaliação pressupõe uma análise efetuada por peritos, internos ou externos à organização, que indique se os elementos nele incluídos refletem a contribuição para os objetivos ou resultados, no imediato ou no futuro. É usual dividir a validade em três conceitos relacionados:

- **Validade de conteúdo** – Qualquer sistema de avaliação deve derivar logicamente da dimensão do desempenho que pretende medir. Se se pretende avaliar a tarefa «vender» da função de um vendedor, não se escolhe como indicador o número de reclamações que ele originou.
- **Validade operacional** – Nem tudo o que se mede é expresso em resultados finais. Na generalidade dos casos, avaliam-se comportamentos ou outros indicadores, que se acredita estarem relacionados com o atingir dos objetivos.

Quando, por exemplo, se avalia a iniciativa, não é pela iniciativa em si, mas pelo facto de se acreditar que a iniciativa pode «contribuir para o lucro». Ou, quando se avalia o grau de satisfação dos clientes é porque se acredita que clientes mais satisfeitos compram mais e fazem publicidade que atrai outros clientes. A validade operacional é o grau em que os elementos utilizados na avaliação estão relacionados com indicadores diretos de «contribuição para o lucro». Alguns desses indicadores poderão ser vendas, defeitos, trocas de produtos, etc.

Diversos investigadores nesta área identificaram vários fatores que contribuem para uma deterioração da validade dos sistemas de avaliação de desempenho. Os mais relevantes são **esteriótipos, efeito de halo, erro de contraste, erro de semelhança e erro de «primeira impressão»**:

- **Estereótipo** – estereótipo é uma forma de **atribuição**. Um gestor faz um juízo sobre um grupo como um todo (por exemplo, as mulheres) e aplica esse juízo a todas as pessoas desse grupo, sem considerar o caso concreto de cada um dos indivíduos. Outra forma de atribuição está relacionada com as crenças sobre o impacto relativo da sorte e do esforço no desempenho, mas que não tem a ver com os estereótipos.
- **Efeito de halo** – o efeito de halo é a tendência para classificar uma pessoa uniformemente nos vários elementos componentes

da avaliação, por efeito de uma apreciação global. Foi reconhecido há mais de 70 anos e continua a ser um problema atual nos processos de avaliação de desempenho. Em termos técnicos, o efeito de halo significa que o avaliador atribui uma maior correlação do que a verdadeiramente existente entre duas ou mais componentes do sistema de avaliação de desempenho. Por exemplo, o avaliador pode dar a mesma pontuação à capacidade de decisão e à criatividade por considerar, erradamente, que estão fortemente correlacionadas.

- **Erro de contraste** – como já anteriormente foi referido, o erro de contraste ocorre quando o avaliador é influenciado por avaliações (muito boas ou muito más) feitas anteriormente. Se, por exemplo, o colaborador anterior teve uma avaliação muito negativa, um colaborador médio que seja avaliado de seguida pode parecer muito bom.
- **Erro de semelhança** – acontece, por vezes, o avaliador ter pontos em comum com o colaborador a avaliar. Por exemplo, podem pertencer ao mesmo clube de futebol, ter o mesmo *hobby*, gostos idênticos, atitudes ou crenças parecidas, etc. Este facto pode ser responsável por uma identificação grande do avaliador com o avaliado, fazendo crer ao primeiro que uma má avaliação do segundo quase implica uma autoavaliação negativa. Pelo contrário, uma pessoa completamente diferente do avaliador em gostos ou personalidade, em geral, pode sair prejudicada na avaliação por esse facto.
- **Erro de «primeira impressão»** – este erro ocorre quando a primeira ideia que se faz de uma pessoa permanece imutável, mesmo após ela sofrer alterações mais ou menos profundas. Se, por exemplo, a impressão que determinado participante organizacional incutiu na sua chefia foi a de uma pessoa desorganizada, durante o primeiro ano em que com ela trabalhou, pode acontecer que essa ideia de «desorganizado» permaneça para os anos posteriores, mesmo se ele tiver sofrido melhorias substanciais nessa dimensão.

Os três procedimentos mais desenvolvidos na última década para melhorar a validade dos sistemas de avaliação de desempenho são:

- ✓ O cuidado na escolha do método de avaliação;
- ✓ Centrar a atenção nos vários componentes do desempenho e não numa impressão global;
- ✓ Dar formação adequada aos avaliadores.

Simplicidade

Se o método escolhido para avaliar o desempenho for muito complexo e requerer muita dedicação para ser dominado, a probabilidade de ser deficientemente utilizado é muito grande. As deficiências poderão advir de duas situações distintas. Por um lado, esta situação pode dissuadir os avaliadores de tentarem dominar este método, avaliando as pessoas superficial e deficientemente. Por outro lado, mesmo que os avaliadores tenham interesse em aprendê-lo, a complexidade pode originar erros de utilização que retirem validade e fidelidade à avaliação.

Uma das formas de garantir a simplicidade do sistema é elaborá-lo em conjunto com os seus utilizadores. A participação não só aumenta a compreensão, como também a aceitação.

Oportunidade

Conforme foi atrás referido, a avaliação de desempenho pode ter várias finalidades como sejam promoções, formação, prémios, etc. A realização das avaliações deve ser de tal forma sincronizada com outras atividades da gestão de recursos humanos, que os seus resultados possam ser imediatamente aproveitados por elas. Se, por exemplo, se atribuem prémios duas vezes por ano, é conveniente que se realizem, pelo menos, duas avaliações e que sejam anteriores à decisão de atribuição dos prémios. Igualmente, se os resultados da avaliação forem destinados à elaboração de um programa de formação e desenvolvimento, é de toda a conveniência que sejam obtidos o mais próximo possível da sua conceção.

Economicidade

O princípio da economicidade estabelece que qualquer atividade desenvolvida deve proporcionar maior valor do que os recursos consumidos para a realizar. Se o tempo necessário para efetuar as avaliações for muito longo, se estas forem muito frequentes, se o seu tratamento envolver muitas horas/homem, se prejudicar atividades com elevado custo de oportunidade, pode dar-se o caso de se gastar mais a avaliar do que se beneficia por o fazer. Nestas circunstâncias, é preferível escolher outros métodos ou, mesmo, não avaliar de todo.

Bom direcionamento dos resultados

Conforme foi indicado, a finalidade da avaliação de desempenho é múltipla. Consoante cada uma dessas finalidades, assim deve ser dirigida a informação relativa aos resultados da avaliação. Normalmente, quem decide sobre a atribuição dos prémios não é a mesma pessoa encarregue da gestão previsional do pessoal ou da gestão da formação. Assim, os resultados das avaliações devem ser divulgados tendo em consideração quem necessita deles para tomar decisões sobre as pessoas avaliadas.

Seletividade

Esta característica está intimamente relacionada com a anterior. Não se deve fazer chegar a informação a todos os que a vão receber com a mesma forma. Por exemplo, quem organiza os planos de formação não tem necessidade de saber a quem corresponde a avaliação A, ou qual é a avaliação global das pessoas. Provavelmente será suficiente um resumo dos pontos fracos para que, com todos os outros elementos relevantes (cultura da empresa, objetivos, ameaças e oportunidades, etc.), se possa garantir a adequação do plano de formação aos objetivos da organização. Da mesma forma, quem determina a atribuição de prémios pode não estar interessado em conhecer as avaliações de uma forma analítica, mas antes global. Já para quem está encarregue de decidir sobre promoções e/ou transferências, é de toda a necessidade ter informação detalhada, bem como global.

Flexibilidade

Sem perder de vista o interesse da e*standard*ização do sistema de avaliação, deverá existir uma flexibilidade tal que todo o avaliador possa escolher o método que mais lhe convém, tendo em consideração as características da atividade, a conjuntura e respetivas prioridades estratégicas e o seu estilo de gestão. Uniformizar por completo os sistemas de avaliação no seio de uma organização, através de procedimentos autocráticos, pode dar origem a que os benefícios originários da uniformização sejam completamente destruídos pela falta de validade e fidelidade do sistema de avaliação. Mesmo dentro de atividades semelhantes se podem justificar métodos e itens de avaliação diferentes. Imagine-se o caso de dois balcões de um mesmo banco. Um pode estar situado numa zona da cidade cujos clientes sejam maioritariamente empresas ou particulares com grande poder de compra e o outro noutra zona, em que os clientes sejam maioritariamente da classe média-baixa. A concorrência, no primeiro caso, são balcões de bancos com atendimento personalizado e, no segundo, bancos menos «sofisticados». É natural que o bom desempenho num caso seja diferente de bom desempenho no outro. O gerente de um balcão pode não concordar com o sistema de avaliação utilizado no outro. Procurar um que sirva aos dois pode originar um sistema que não seja adequado nem a um, nem a outro.

Por outro lado, o sistema de avaliação de desempenho deve ser suficientemente flexível por forma a permitir uma constante adaptação às exigências da evolução dos fatores condicionantes. Num contexto profundamente evolutivo, torna-se necessário que os processos de regulação dos sistemas se adaptem à mudança, garantindo a sobrevivência e o crescimento controlado e consciente.

Envolvência

O processo de avaliação de desempenho deve, por um lado, cobrir todo o tecido humano da organização e, por outro, cobrir todas as dimensões do desempenho de cada um dos participantes organizacionais. Para garantir essa envolvência, deve partir do todo para as partes, considerando não só as características estruturais da organização, como também os mecanismos de ligação da organização com o meio envolvente e as características desse mesmo meio.

Deteção de sucessos

Finalmente, um sistema de avaliação de desempenho deve ser concebido e utilizado mais para detetar e premiar sucessos do que para detetar e punir fracassos. É fundamental que a ideia associada a qualquer processo de avaliação seja positiva e que este seja encarado como algo que ajuda a desenvolver, ser melhor e premiar, do que encarado como um mecanismo para expurgar. Este fator decorre muito da forma como o sistema é divulgado e implementado e da publicidade que se dá aos resultados positivos da sua utilização. Falhas no fornecimento de informação exaustiva e correta sobre o sistema podem dar origem ao aparecimento de boatos, tanto mais que a avaliação de desempenho pode ter um impacto enorme na vida das pessoas que trabalham numa organização.

QUEM DEVE AVALIAR E COM QUE PERIODICIDADE?

Existem pelo menos cinco fontes possíveis de avaliação de desempenho: chefias, colegas, autoavaliação, colaboradores do elemento a ser avaliado e clientes.

A escolha da fonte mais indicada dependerá do propósito da avaliação, do tipo de critério utilizado e da natureza da função a ser avaliada.

Se o objetivo é puramente **classificar o desempenho**, sendo a tarefa relativamente simples e o esforço observável, então a avaliação pelo **superior direto** pode ser a forma mais correta de avaliação.

Se o cenário for o mesmo, mas a avaliação tiver também **objetivos de desenvolvimento individual**, então a maneira mais adequada será um misto de avaliação **pela chefia direta** e autoavaliação. Este sistema (que é o mais largamente utilizado) culmina com a realização de uma entrevista de avaliação, onde chefe e subordinado confrontam as suas opiniões relativamente ao desempenho do segundo, procurando identificar formas de maximizar os pontos fortes e minimizar os pontos fracos.

Um terceiro caso aplica-se, por exemplo, a investigadores. É muito comum que o chefe direto não esteja devidamente familiarizado com o trabalho do colaborador, por forma a poder fazer um juízo devidamente baseado. Nestas circunstâncias, é comum utilizar um misto de autoavaliação e avaliação dos colegas. Estudos sobre estas fontes de avaliação indicam que funcionam melhor em situações em que existe uma grande confiança interpessoal e muita visibilidade por parte dos colegas, e também quando o objetivo principal é mais o desenvolvimento do que a avaliação propriamente dita.

O quarto caso ilustra uma situação em que nem colegas, nem chefias estão em posição de avaliar corretamente a *performance* de um indivíduo. É, por exemplo, o caso de um professor ou de um responsável de uma loja. A avaliação feita por pessoas de fora é fundamental quando se pretende avaliar o impacto do desempenho a longo prazo. Ninguém melhor do que os alunos para determinarem a qualidade de um professor. Ninguém melhor do que um cliente para manifestar o seu grau de satisfação com a sua visita à loja. No entanto, este procedimento não está livre de problemas, em especial no que se refere ao primeiro exemplo. Pode acontecer que os alunos valorizem mais a componente de animador de um professor (o que é frequente) do que as suas qualidades científicas. Nestas situações, há que encontrar um balanço entre ambas. No caso de uma loja, o problema não se põe com tanta acuidade; isto porque, numa ótica de *marketing*, se deve dar aos clientes aquilo que eles pretendem e da forma como o pretendem, conquanto estejam dispostos a pagar. Assim, neste caso, importa saber o que os clientes querem e criar um sistema que permita verificar se as suas expectativas estão a ser cumpridas.

Em muitas organizações é utilizado um sistema de avaliação 360 graus. Significa isso que cada pessoa na organização (exceto o CEO e/ou comissão executiva) é avaliado pelo chefe, pelos colegas e por colaboradores. Pode, ainda, dar-se o caso da avaliação ser, também, efetuada por pessoas fora da organização com que a pessoa se relacione, por exemplo, clientes, fornecedores, parceiros.

No que respeita à periodicidade com que se deve avaliar, não existe uma resposta definitiva. Em alguns casos, existe um ciclo fixo (todos os anos ou de seis em seis meses) para fazer a avaliação. Noutros, é deixado ao critério de cada avaliador a periodicidade de aplicação. Uma outra alternativa é a aplicação dentro de um ciclo bem definido, mas desfasado para os vários colaboradores, por forma a não concentrar num só período todas as avaliações. Finalmente, outra ainda, é deixar que a avaliação seja solicitada pelos colaboradores.

A adequação de cada uma destas alternativas depende da natureza das funções que se estão a avaliar e da qualidade dos colaboradores a avaliar. Se se tratar de trabalhos repetitivos, executados por pessoal não-qualificado, o ciclo fixo (desfasado ou não) de avaliação é provavelmente o sistema mais adequado. Se se estiverem a avaliar colaboradores altamente qualificados, cujas funções não obedecem a ciclos bem definidos, é talvez melhor que sejam eles a solicitar as avaliações.

Outros casos há, em especial no caso de avaliação de gestores/CEO, em que os indicadores de *performance* dependem de períodos contabilísticos ou de ciclos de laboração, períodos esses que determinarão a periodicidade das avaliações.

Finalmente, se a avaliação estiver ligada a algum programa de incentivos específico, a periodicidade e duração das avaliações de resultados estarão ligadas forçosamente à periodicidade de avaliação desse mesmo programa de incentivos, bem como à sua duração.

No capítulo seguinte iremos abordar alguns métodos para fazer a avaliação de desempenho e dar conselhos práticos sobre como fazer a avaliação de desempenho e conduzir a entrevista de avaliação.

CAPÍTULO 5
Métodos de avaliação de desempenho

Dada a multiplicidade de finalidades da avaliação de desempenho, não existe nenhum método de avaliação que seja globalmente melhor. No entanto, deve-se escolher um método que produza a maior objetividade possível na avaliação. Sempre que possível deve-se avaliar com base no cumprimento de objetivos previamente determinados. Quando isto não for possível, então deve-se avaliar em função de competências observáveis.

GESTÃO POR OBJETIVOS

A gestão por objetivos pode ser definida como um sistema de gestão global que integra várias áreas-chave da gestão, de uma forma sistemática, que procura obter o máximo de eficácia e de eficiência, quer pessoal, quer organizacional.

Não se pode dizer que tenha existido uma pessoa responsável pelo aparecimento desta metodologia. Desde sempre se sabe que toda a atividade humana tem como finalidade atingir algum objetivo. No entanto, alguns autores da área da gestão têm colocado uma grande ênfase no atingir dos objetivos e sugerido formas sistemáticas de lidar com esta problemática. Um deles foi Peter Drucker.

Em 1954, Peter Drucker chamou a atenção para o facto da definição de objetivos dever cobrir algumas áreas-chave responsáveis pela saúde organizacional. Defendeu uma filosofia de gestão que valorizava o **autocontrolo**, como forma de atingir os objetivos organizacionais. Pela mesma altura, a General Electric estava a ensaiar uma metodologia de gestão por objetivos, com a finalidade de descentralizar o processo de tomada de decisão.

Em 1957, Douglas McGregor publicou um artigo na *Harvard Business Review* criticando as metodologias de avaliação de desempenho baseadas nas características das pessoas. Tradicionalmente, era solicitado aos gestores que emitissem juízos de valor acerca dos seus colaboradores. McGregor sugeriu uma nova abordagem de avaliação de desempenho, baseada no método de GPO, apresentado por Drucker. Esse processo assentava numa metodologia em que eram os colaboradores que propunham objetivos de curto prazo, para si próprios, e os discutiam com os superiores hierárquicos, superiores esses que teriam direito de veto. No entanto, segundo McGregor, no ambiente adequado, o direito de veto quase não seria necessário. O desempenho era assim medido de acordo com objetivos pré-estabelecidos, essencialmente pelos próprios colaboradores. Esta metodologia está diretamente voltada para o **autocontrolo** e **desenvolvimento pessoal**, pondo a ênfase no resultado das condutas individuais e grupais, ao invés de a pôr nos traços individuais. Para além disto, dado o grande peso posto na participação para a definição de objetivos, cria **envolvimento** das pessoas, originando um ambiente de grande **motivação**.

Investigadores, consultores e gestores, de há muito reconhecem a importância da determinação individual de objetivos. São já clássicos os estudos da Universidade de Maryland, que mostram que se obtêm melhores resultados quando se definem objetivos específicos às pessoas do que quando se lhes pede para fazerem o seu melhor. Mais, objetivos ambiciosos aparecem associados a resultados acima da média.

Num dos primeiros estudos de campo sobre GPO, observou-se «um movimento generalizado para mais dos objetivos organizacionais». Também se observou um aumento generalizado de produtividade nesta empresa, embora se tenha reconhecido que para além da definição dos objetivos, outros fatores contribuíram para a melhoria do desempenho (incentivos, participação e autonomia).

Para uma melhor compreensão do processo, vai-se descrever como deve esta técnica ser posta em prática (a figura XXX expõe, graficamente, o seu funcionamento). Idealmente, o processo começa pelo topo e deve ter o apoio declarado da administração da organização. No entanto, não é imperativo que a definição de objetivos comece no topo; podem-se definir apenas objetivos divisionais, ou mesmo de nível inferior, ou seja, resultados de funções individuais. Um dos imperativos para garantir a coerência do sistema é que a missão da empresa e os objetivos de longo prazo estejam bem definidos.

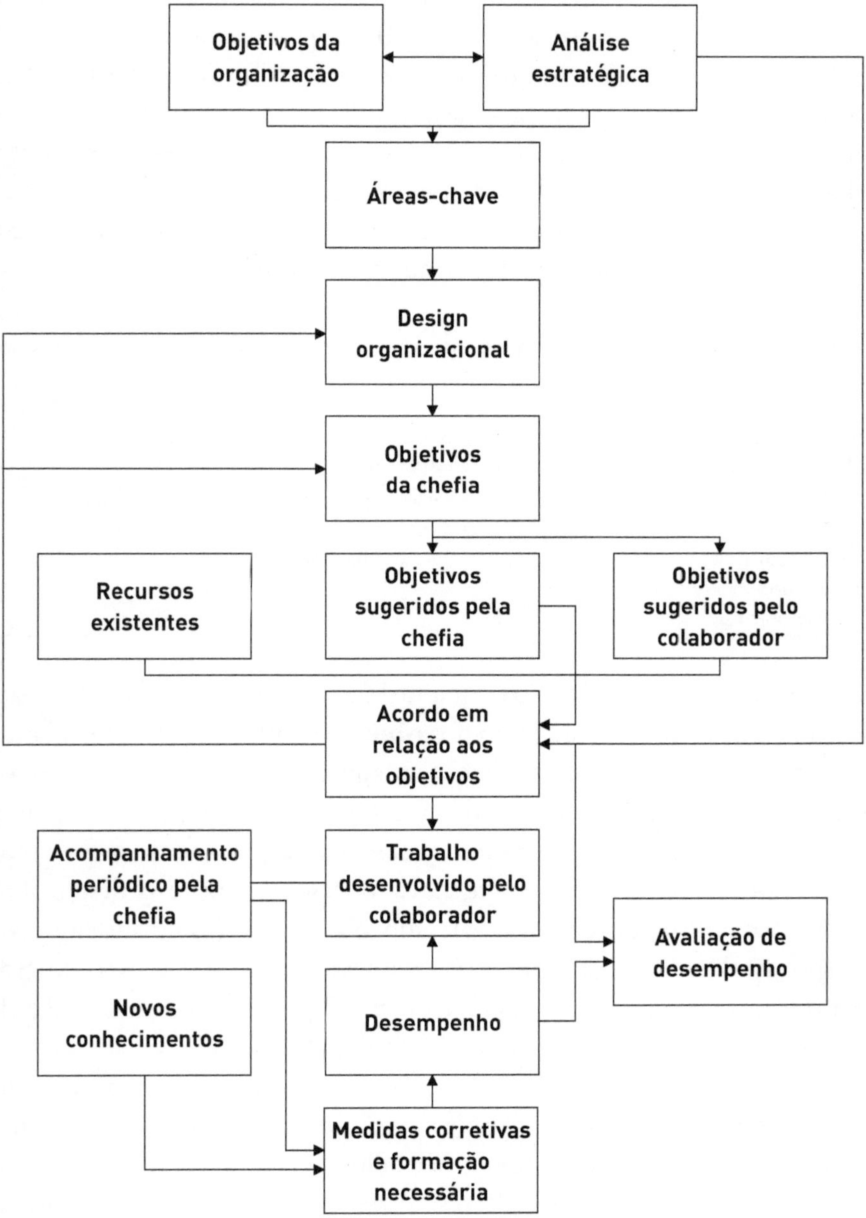

Figura XXX. Gestão por objetivos

Há três fontes de objetivos para uma organização: **o ambiente externo**, com as suas oportunidades e ameaças, o ambiente interno, com as suas forças e fraquezas, e as **expectativas dos proprietários**. À primeira vista, poderia parecer que diferentes negócios deveriam apresentar áreas-chave (para a fixação de objetivos) inteiramente diferentes — tão diversas a ponto de impossibilitar qualquer teoria geral. De facto, é verdade que áreas-chave inteiramente diferentes merecem diferentes graus de importância em diferentes negócios — e diferentes relevos em diferentes fases do desenvolvimento de cada firma. Mas as áreas são as mesmas, qualquer que seja o negócio, quaisquer que sejam as condições económicas, qualquer que seja o volume ou a fase de crescimento da empresa.

Há oito áreas-chave para as quais devem ser fixados objetivos de realização e de resultados:

Objetivos tangíveis	Objetivos intangíveis
• Posição no mercado • Inovação • Produtividade • Recursos físicos e financeiros • Rentabilidade	• Desempenho e desenvolvimento dos gestores • Clima social/empenhamento dos colaboradores • Responsabilidade social

Deve haver poucas dúvidas quanto aos cinco primeiros. Mas estas poderão existir quanto à inclusão dos **objetivos intangíveis**. No entanto, mesmo que gerir fosse simplesmente a aplicação dos princípios económicos, teríamos de incluir essas três áreas e exigir a fixação de objetivos no seu âmbito. Isto porque elas pertencem à mais puramente formal teoria económica da firma, e negligenciar o desempenho e o desenvolvimento dos gestores, o clima social/empenhamento dos colaboradores e a responsabilidade social trará, como resultado, em pouco tempo, a perda de posição no mercado, de liderança tecnológica, de produtividade e de lucro e, em última análise, a perda do negócio.

Se tais objetivos são intangíveis, é obrigação da gestão torná-los tangíveis; garantir isso é correr o risco, não só de fracasso do negócio, como também de dificuldades laborais ou, pelo menos, de perda de produtividade dos trabalhadores e de restrições públicas quanto ao negócio, provocadas por conduta (...) irresponsável.

Significa, ainda, o risco de aparecimento de gestores medíocres e incapazes, gestores capazes apenas de cuidarem de si próprios em vez de cuidarem do bem comum do negócio, de gestores que se tornam mesquinhos, limitados e cegos por falta de solicitação, de liderança e de visão.

Uma vez claramente identificadas as **áreas-chave**, conhecida a **missão** e os **objetivos** de longo prazo da organização, os objetivos deverão começar a ser definidos através de uma metodologia *top-down*, com negociações sucessivas através dos vários níveis de gestão, por forma a garantir a coerência dos objetivos definidos. Essa negociação incide não só nos objetivos em si, mas também nos **recursos** de que cada colaborador necessita para os atingir. O papel dos vários níveis de chefia é determinante nesta fase. Todos os gestores devem estar preparados para responder a questões postas pelos colaboradores, como:

- O que é que pode fazer para me ajudar?
- Como é que pode melhorar a sua função, por forma a auxiliar-me a melhorar a minha?

E, simultaneamente, todas as pessoas com obrigação de definir objetivos deverão estar aptas a identificar quais os obstáculos com que se defrontam, bem como de que necessitam para poderem ultrapassá-los.

Definir objetivos pode ser uma tarefa difícil. Para que possam ser medidos, os objetivos têm que ser verificáveis, ou seja, **quantificados** e **temporizados**. «Se possível, a qualidade desejada e os custos associados à sua realização devem ser indicados. Para além disto, os objetivos devem representar um desafio, indicar prioridades e promover o crescimento e desenvolvimento pessoal e organizacional.

AVALIAÇÃO POR COMPETÊNCIAS

O processo de avaliação por competências inicia-se por meio do mapeamento das competências que serão necessárias e exigidas pela organização, para que os seus colaboradores tenham um desempenho de excelência, ao realizarem as suas atividades.

Existem três tipos de competências e, dentro de cada uma, várias aptidões específicas, e é necessário identificar e definir quais delas serão fundamentais para o bom exercício de cada função:

- Competências técnicas: trata-se do conhecimento específico que cada profissional tem sobre as melhores práticas para ter uma *performance* de excelência na área em que atua na empresa;
- Competências conceituais: este é o conhecimento, bem como o domínio dos conceitos e das metodologias que devem ser aplicados para uma boa execução técnica das funções.
- Competências interpessoais: estas competências têm que ver com a forma como os colaboradores se relacionam mutuamente, como comunicam e interagem entre si para realizarem um bom trabalho em equipa, e também com as suas atitudes e valores pessoais, pelos quais pautam os seus comportamentos no dia a dia.

Existem muitas funções que não são passíveis de definição de objetivos individuais. Desta forma, para se garantir que as pessoas entendem o que se espera delas é necessário definir, para cada função não passível de ser avaliada unicamente por objetivos, um conjunto de competências que cubra a generalidade da função, definindo, para cada uma, o grau de proficiência que se espera no desempenho da função.

Podemos observar em baixo o exemplo de uma competência, bem como da descrição dos seus níveis de proficiência:

Impacto e Influência

Descrição genérica da competência

Transmite a sua mensagem de forma eficaz, desenvolvendo e utilizando estratégias efetivas para influenciar os outros ou para ganhar o seu suporte.

Nível Core – Indicadores Comportamentais:

- Influencia os demais pela forma como se exprime
- Causa um impacto positivo, a nível comunicacional
- Argumenta de forma eficaz, em defesa das suas ideias e convicções
- Ajusta o seu comportamento às características do interlocutor

NÍVEL 0	NÍVEL 1	NÍVEL 2	NÍVEL 3	NÍVEL 4
• Exprime-se de forma pouco clara e pouco estruturada. • O impacto causado no interlocutor é negativo. • Não ajusta o seu comportamento ao interlocutor. • Os argumentos que utiliza não convencem.	• Revela capacidade para transmitir a mensagem de forma precisa, clara e consistente. • Exprime a sua mensagem tendo em conta o planeado. • Identifica e compreende as necessidades explícitas dos outros. • Responde às objeções que lhe são colocadas.	• Identifica os principais pontos chave da mensagem e enfatiza-os no seu discurso de modo a causar impacto nos outros. • Tem em atenção o seu interlocutor e adapta o seu discurso em conformidade. • Identifica e compreende as necessidades não explícitas dos outros. • Oferece valor adicional ao processo através do fornecimento de novas informações ou oportunidades.	• Utiliza estratégias de comunicação de modo a transmitir a sua mensagem de acordo com os objetivos pretendidos. • Influencia os outros, indo ao encontro dos seus interesses, necessidades e motivações individuais. • As suas opiniões inspiram confiança nos seus interlocutores. • Usa uma combinação de argumentos lógicos e convicção pessoal para atingir o seu objetivo	• Usa de forma deliberada o seu impacto pessoal e presença para influenciar o outro. • É carismático na comunicação e relação com os outros, influenciando-os pela sua capacidade persuasiva. • Envolve especialistas e pede opiniões a terceiros com o objetivo de reforçar os seus argumentos. • Estrutura as situações de modo a obter o impacto desejado.

Cada organização dever ter um dicionário de competências — uma descrição das competências que cubram todas as funções e a definição dos vários graus de proficiência — e atribuir um valor de cerca de sete competências a cada função a ser avaliada. Para além da definição das competências para cada função, é necessário definir a proficiência-alvo em cada competência para cada função. Por exemplo, para alguém com funções de liderança, espera-se uma proficiência máxima da competência descrita anteriormente. Porventura, para um investigador, não.

Numa organização, o tipo de fatores a considerar para a avaliação de desempenho varia com o nível hierárquico de que estamos a falar. O CEO, como é óbvio e veremos mais à frente como, é avaliado somente por objetivos. O resto da comissão executiva, também. Daí para baixo, deve-se criar um sistema que contenha um misto de objetivos e de competências, atribuindo um peso a cada elemento da avaliação e fazendo a avaliação final como uma média ponderada das avaliações face a cada fator considerado. Convém, por facilidade e porque a avaliação deve estar associada à atribuição de bónus, normalizar a escala de avaliação com uma graduação percentual. Mais à frente daremos um exemplo concreto da elaboração de um sistema deste tipo.

A seguir apresentamos um formulário de avaliação mais completo, em que os níveis de proficiência já estão descritos no próprio formulário.

Avaliação individual				P
1. Capacidades Gerais para a Gestão				
A) Organiza e coordena mal os meios de que dispõe. Tem de ser constantemente orientado. São fracos os resultados conseguidos.	B) Organiza e coordena razoavelmente, embora precise de alguma orientação na coordenação. Podem considerar-se os índices e resultados de produtividade.	C) Organiza e coordena normalmente. Os serviços apresentam bons índices de produtividade (os objetivos são quase sempre atingidos).	D) Organiza e coordena com eficiência. Os serviços que dirige apresentam altos índices de produtividade. Consegue atingir sempre os objetivos fixados.	
☐	☐	☐	☐	
2. Responsabilidade				
A) Evita as responsabilidades, não prevê nem assume as consequências dos seus atos.	B) Nem sempre avalia as consequências, mas é capaz de as assumir.	C) Pondera e assume normalmente as consequências dos seus atos.	D) Revela muita ponderação em todos os atos que pratica e assume a sua responsabilidade.	
☐	☐	☐	☐	
3. Conhecimentos Profissionais				
A) Nitidamente insuficientes.	B) Suficientes.	C) Conhece bem os procedimentos técnico--administrativos e jurídicos relacionados com as suas funções.	D) Possui conhecimentos profissionais muito acima do que normalmente lhe são exigidos no desempenho das atuais funções.	
☐	☐	☐	☐	
4. Capacidade de Decisão				
A) Endossa sempre para os seus superiores as decisões que devia tomar.	B) Umas vezes toma decisões, outras não, nem sempre oportuna e acertadamente.	C) Toma muitas vezes decisões, mas bastante fora do tempo e algumas de resultados não positivos.	D) Toma sempre as decisões necessárias na altura e acertadamente.	
☐	☐	☐	☐	
5. Espírito de Equipa				
A) Nunca procura nem oferece colaboração dentro do grupo; individualiza sempre o trabalho.	B) Integra-se no grupo e coopera quando expressamente solicitado.	C) Integra-se facilmente no grupo e esforça-se por cooperar no desenvolvimento do trabalho.	D) Integra-se facilmente no grupo intervindo com eficiência no desenvolvimento dos trabalhos.	
☐	☐	☐	☐	
6. Qualidade do Trabalho				
A) Não corresponde em absoluto aos resultados esperados.	B) Corresponde aos resultados esperados, mas necessita de alguns aperfeiçoamentos.	C) Corresponde em absoluto.	D) Ultrapassa de modo evidente os resultados esperados.	
☐	☐	☐	☐	

7. Dedicação e Zelo				
A) Fraca dedicação e zelo.	B) Dedicação e zelo com altos e baixos.	C) Dedicação e zelo normais.	D) É excecionalmente dedicado e zeloso.	
8. Aperfeiçoamento Profissional				
A) Desinteresse em adquirir novos conhecimentos e em melhorar a qualidade do seu trabalho.	B) Interesse esporádico em adquirir novos conhecimentos e aperfeiçoar o seu trabalho.	C) Em regra, revela interesse em melhorar os seus conhecimentos e em aperfeiçoar o seu trabalho.	D) Interesse metódico e sistemático em melhorar sempre os conhecimentos profissionais e a qualidade do seu trabalho.	
9. Rendimento do Trabalho				
A) Nitidamente insuficiente.	B) Normal.	C) Elevado. Boa capacidade de trabalho.	D) Excecional capacidade de trabalho.	
10. Relações Humanas de Trabalho				
A) Provoca atritos frequentes.	B) Dificuldades de relacionamento. Não contribui para o bom ambiente de trabalho.	C) Relações normais com colegas de trabalho.	D) Muito boas relações de trabalho. Esforça-se por criar bom ambiente de trabalho.	
11. Criatividade				
A) Não se esforça para desenvolver ou criar métodos, ou quando o faz as propostas apresentadas são inadequadas e inoportunas.	B) Esforça-se por criar novos métodos, embora os resultados nem sempre sejam adequados ou oportunos.	C) Esforça-se por criar e desenvolver novos métodos apresentando soluções normalmente adequadas e oportunas.	D) Muito criativo. As sugestões apresentadas são sempre adequadas e oportunas.	
12. Preparação Profissional do Pessoal				
A) Não se preocupa nem adota métodos de valorização profissional do seu pessoal.	B) Preocupa-se de forma inconstante pela adoção de métodos de valorização profissional do seu pessoal.	C) Preocupa-se constantemente pela valorização profissional do seu pessoal dedicando parte do seu tempo de ação a essa valorização.	D) Está sempre a tentar valorizar. Preocupa-se com a valorização profissional do seu pessoal despoletando todas as ações tendentes à melhoria de qualidade do seu pessoal.	
13. Iniciativa				
A) Raramente tem iniciativas, trabalhando apenas sob orientação pormenorizada.	B) Tem iniciativas, mas com resultados pouco aceitáveis.	C) Tem iniciativas perante situações sem complexidade; resultados aceitáveis.	D) Tem sempre iniciativas perante situações complexas com muito bons resultados.	

O exemplo anterior poderia ser uma ficha de avaliação de um encarregado, por exemplo, em que se tinha de definir, no início do período em avaliação, qual era o desempenho esperado em cada uma das competências. No final do período, e antes da reunião de avaliação, preenchia-se o formulário. Neste caso, também o destinatário da avaliação deveria preenchê-lo através de uma autoavaliação e depois, na reunião de avaliação, sairia uma versão final.

O CULMINAR DA AVALIAÇÃO

Façamos, agora, uma sistematização de como deve decorrer o processo de avaliação de desempenho. Em primeiro lugar, escolhe-se o período em análise. Em segundo lugar, determina-se quais os indicadores e o método a utilizar. Estes dois primeiros passos devem ser dados com conhecimento (ou mesmo participação total) dos colaboradores a avaliar. No final do período em questão, marca-se uma entrevista com cada um dos avaliados para consumar a avaliação final.

Antes da realização dessa entrevista final, os avaliados devem preparar a sua autoavaliação. Se a avaliação for com base em objetivos, deverá recolher os indicadores de cumprimento para levar para a reunião. Se for com base em competências, o preenchimento prévio permitirá discutir as discrepâncias entre a perceção que têm do que fizeram e a do chefe durante a entrevista de avaliação. Mais à frente retomaremos o tema.

O objetivo da entrevista de avaliação de desempenho deve ser, essencialmente, a análise do que correu menos bem, caso algum dos objetivos/competências não tenha sido atingido, com o objetivo de planear formas de evitar o mesmo no futuro, não esquecendo, no entanto, de enaltecer os pontos fortes. Uma condução errada desta entrevista pode colocar o avaliado na defensiva, tornando a entrevista num objeto de frustração em vez de um incentivo ao desenvolvimento individual. Em resumo, pode dizer-se que a entrevista de avaliação serve para proporcionar *feedback*, quer ao avaliador, quer ao avaliado, sobre o desempenho da função do segundo e sobre os fatores que o influenciaram.

De uma forma sistemática, pode dizer-se que os objetivos da entrevista de avaliação de desempenho são os seguintes:

- Dar ao colaborador uma ideia concreta sobre como está a desempenhar a sua função, através de uma comunicação clara e inequívoca do seu padrão de desempenho. Cada chefe tem as suas características pessoais e as suas expectativas em relação aos colaboradores. A entrevista dá a oportunidade ao colaborador, não apenas de compreender o que o chefe espera dele, em termos de qualidade, quantidade e métodos de trabalho, mas também de entender as razões desses padrões de desempenho. São as regras do jogo que só poderá ser jogado se os jogadores as entenderem.
- Dar ao colaborador uma ideia concreta sobre como está a desempenhar a sua função, salientando os seus pontos fortes e fracos e comparando-os com os padrões. Por vezes, as perceções sobre o nível de desempenho não são idênticas, o que pode ser clarificado na entrevista.
- Discutir, entre ambos, sobre o que se pode fazer para ajudar a melhor desenvolver e aproveitar as capacidades do colaborador, que necessita de entender como poderá melhorar o seu desempenho para participar ativamente nos passos a dar para a sua melhoria.
- Construir relações pessoais mais fortes entre superior e subordinado, nas quais ambos tenham oportunidade de falar abertamente sobre o trabalho, especificamente sobre a forma como está sendo desenvolvido e como poderá ser melhorado.
- Eliminar e reduzir dissonâncias, ansiedades, tensões e incertezas que surgem quando os indivíduos não gozam das vantagens do aconselhamento planeado e bem orientado.

Por vezes, pensa-se que a responsabilidade de fornecer informação é mais do avaliador do que do avaliado. Isso não é correto; trata-se de uma troca de informações e não de um monólogo. Não só o avaliador deve expor as suas expectativas, como deve ouvir e incentivar o avaliado a falar sobre os seus objetivos de curto e de longo prazo, o que o satisfaz mais ou menos na função, a sua opinião quanto à liderança exercida sobre ele, os aspetos em que está subaproveitado, etc.

A entrevista de avaliação não deve ser considerada como um acontecimento; antes deve ser encarada como um processo contínuo de avaliação e desenvolvimento.

Apesar da reconhecida importância do *feedback* na avaliação de desempenho, Ilgen e os seus colegas (1979) salientam que a natureza do processo de *feedback* é complexa e que pouco se sabe a seu respeito. Num estudo que efetuaram, analisaram o grau de acordo entre a chefia e o colaborador sobre vários itens de uma avaliação. Desse estudo resultaram conclusões que deram origem às seguintes considerações sobre o processo:

- o *feedback* sobre o desempenho deve ser tão explícito, em termos de comportamento, quanto possível.
- as reações dos colaboradores serão tanto mais positivas (mantendo-se tudo o resto constante) quanto maior for o seu poder de referência ou de especialista. O poder de referência surge da consideração e respeito que uma pessoa tem por parte dos seus colegas. O poder de especialista deriva da perceção que o colaborador tem do seu domínio da função.
- as chefias devem fornecer *feedback* específico ao longo do ano e não só por altura do preenchimento da avaliação.

PREPARAÇÃO — O PAPEL DO AVALIADO

Existe muito mais escrito sobre a preparação do entrevistador do que sobre a do entrevistado. No entanto, conforme atrás foi dito, o papel do entrevistado ou avaliado é de igual importância. Os princípios que se seguem facilitam a preparação da entrevista:

- O *feedback* deve ser encarado como um processo contínuo de desenvolvimento. Não deve ser considerado como um acontecimento isolado. Deve ser solicitada tão frequentemente quanto possível informação sobre o desempenho. Ter a iniciativa de solicitar *feedback* cria um sistema de controlo mais eficaz do que ficar simplesmente à espera da iniciativa da chefia;
- Deve-se estar preparado para fornecer informação pessoal — objetivos de carreira, nível de satisfação com a tarefa e com a chefia;

- Deve-se ser aberto e não defensivo. Não se devem racionalizar as falhas com tentativas de atribuição de não compreensão dos factos à chefia. Fornecer justificações «forjadas», ou culpar os outros, é igualmente negativo. As críticas devem ser encaradas como oportunidades de melhoria e não como ameaças;
- Deve ser mantida uma atitude de abertura em relação ao *feedback*, aumentando assim a probabilidade de este ser construtivo. Também se deve mostrar interesse em ouvir todas as sugestões de formas de melhorar o desempenho;
- A melhor atitude a manter durante a entrevista é a de um envolvimento ativo. Deve procurar-se obter esclarecimentos em relação ao tipo de apreciações feitas, bem como ouvir atentamente todas as alegações e factos, antes de formar uma opinião sobre a justiça da avaliação;
- Procurar manter uma postura correta durante a entrevista. A linguagem não-verbal pode dar muitas indicações importantes. Manter contacto visual e uma postura e expressão facial de abertura é fundamental.

Por forma a facilitar o maior aproveitamento possível da entrevista, as conclusões podem ser sumariadas pelo avaliado respondendo às questões que se seguem:

- Quais os meus principais pontos fortes?
- Quais os principais pontos a melhorar?
- Quais as críticas com as quais concordei?
- Quais as críticas com as quais não concordei?
- Pontos que merecem uma reflexão?
- Que críticas não entendi?
- Qual o meu estado emocional?

PREPARAÇÃO — O PAPEL DO AVALIADOR

A entrevista de avaliação é uma ocasião, por excelência, para se comunicar os objetivos da empresa, discutir a sua filosofia e procurar descobrir a melhor forma de conciliação dos objetivos individuais com os objetivos organizacionais. Por forma a garantir o êxito da entrevista, o avaliador deve procurar ser coerente com os seguintes princípios:

- estar preparado para documentar e concretizar todo o tipo de apreciações, quer sobre os pontos fortes, quer sobre os pontos fracos. Isto implica uma revisão prévia do desempenho do colaborador, que a existência de uma forma de anotação sistemática pode facilitar muito;
- ser específico nas apreciações e não vago ou geral;
- o *feedback* fornecido deve cingir-se a fatores suscetíveis de serem modificados pelo avaliado;
- devem ser explicitados os fins a que se destina a avaliação: formação, promoções, atribuição de prémios, revisão salarial, etc.;
- ter presente que a reunião se destina a ajudar pessoas e não a culpá-las;
- a apreciação do desempenho deve ser conduzida como uma oportunidade para fornecer ajuda, apoio e orientação. Criticar negativamente é prejudicial;
- as observações devem-se cingir a comportamentos e não às características da pessoa. Em vez de dizer que alguém é inflexível, devem indicar-se comportamentos passados que denotem essa inflexibilidade;
- o processo deve ser tanto de *coaching* e aconselhamento, como de avaliação. Devem ser postas questões por forma a garantir que tudo fica bem compreendido. A atenção deve ser centrada no avaliado e a atitude do avaliador deve ser de escuta ativa;
- as considerações feitas durante a entrevista devem sê-lo com a maior franqueza e sem malícia;
- devem ser procuradas as razões dos desvios ao desempenho, ao nível mais profundo das necessidades. É necessário procurar compreender o processo motivacional dos colaboradores e o seu ajustamento;
- Algo que acontece com alguma frequência é o avaliado não se aperceber do seu mau desempenho. Isto pode ter, basicamente, três causas:
  - ✓ nunca ninguém lhe disse nada; logo, pensou que estava tudo bem;

  - ✓ julgava que o que estava a fazer e o modo como o fazia era o que o chefe esperava dele;
  - ✓ via os outros à sua volta fazerem o mesmo.
- Um primeiro passo para corrigir o desempenho insatisfatório deve ser a clarificação das expectativas. Se o seu colaborador não está consciente do que se espera dele, dificilmente poderá apresentar um bom desempenho. Caso não seja o desconhecimento das expectativas o problema, então o avaliador deve investigar o porquê de não fazer melhor e acordar um plano de ação com o avaliado para ultrapassar o problema.
- Adotar uma **atitude descritiva** e não avaliativa. Sempre que o avaliador tem uma atitude avaliativa isso faz que o colaborador fique na defensiva. Ser descritivo permite discutir os assuntos sem que as emoções controlem a situação. Por certo nota diferenças nestas duas formas de dizer o mesmo: «Como é que foi capaz de fazer esse disparate?» ou «pode dizer-me o que o levou a fazer isso dessa forma?».
- Ter sempre presente que o **objetivo** da avaliação é procurar melhorar e não encontrar bodes expiatórios ou ridicularizar pessoas.
- Adotar uma **atitude de apoio** e não autoritária. Ao utilizar uma atitude autoritária durante a entrevista, provoca que o avaliado adote comportamentos defensivos e mesmo ressentimentos. Tenha sempre presente que o seu objetivo é envolvê-lo no processo e não o marginalizar. Veja como a mesma coisa pode ser dita de diferentes formas: «Para corrigir isso tem que fazer x.» ou «Como pensa ser a melhor forma de resolver o problema?»

Uma organização de sucesso é normalmente muito bem-sucedida na implementação deste processo. Procurar retirar a subjetividade é particularmente importante para a credibilidade do sistema. Quando se utilizam unicamente competências no processo de avaliação, a subjetividade é dificilmente afastada, de todo. Mas o processo de «discussão» da avaliação, bem como exemplos práticos que devem ser dados para suportar as avaliações, pode permitir uma intersubjetividade entre chefia e colaborador que torna o processo mais efetivo.

CAPÍTULO 6
A estrutura das remunerações

Neste capítulo iremos apresentar a forma como é composta a remuneração de uma função. Abordaremos as suas várias componentes, fixa e variável, bem como outros benefícios. Veremos, também, alguns métodos para atribuir valores às funções, de forma a existir uma lógica salarial dentro da organização.

A remuneração total pode ser composta por um *mix* que se pode agrupar em quatro componentes:

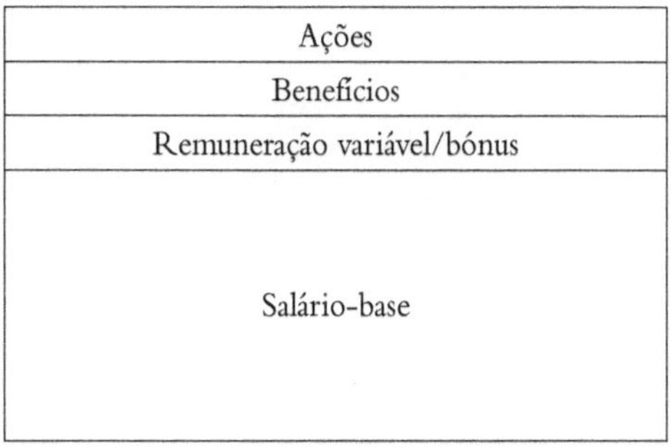

O salário-base é o salário definido contratualmente, a ser pago de uma forma regular, independentemente de contingências do desempenho individual ou organizacional. Esta componente do salário pode incluir, para além do vencimento propriamente dito, subsídio de alimentação, ajudas de custo ou outros subsídios (exemplo: de transporte, de doença, de auxílio a situações de emergência).

Quando se está a fazer recrutamento, este é o tipo de salário que as pessoas mais valorizam. É este montante que permite às pessoas estabelecer um padrão de vida regular, sem estar a contar com algo incerto, pelo menos no montante, da componente variável. Claro está que a total veracidade desta afirmação que faço a seguir dependerá do perfil de risco das pessoas em causa. Normalmente, **as pessoas valorizam**

mais um aumento mais pequeno na componente fixa do seu salário, do que um aumento maior na parte variável, quando se trata de avaliar se devem aceitar a proposta de emprego. Da mesma forma que, mesmo que alguém esteja muito descontente na sua função atual e a oferta para mudar não reflita um aumento do salário-base, a probabilidade de aceitar mudar é mínima. O normal, para aceitar mudar para uma função equivalente em outra organização, é um aumento da componente fixa entre 10% a 20%.

A remuneração variável pode assumir diversas formas, como adiante referiremos. Ao contrário do salário-base, que é um custo fixo, a remuneração variável, pela sua própria natureza, não o é. Pode ser paga, ou não, na totalidade ou parcialmente, conforme estejam reunidas as condições para o fazer. Idealmente, se for possível medir com exatidão o contributo individual, a remuneração variável deve depender só do desempenho de quem a recebe, claro está, estando assegurados determinados pressupostos, como sejam, a organização ter lucro, por exemplo, ou o departamento ter atingido os objetivos, entre outras condições possíveis. Noutros casos em que não seja possível medir os contributos individuais e/ou se pretenda incentivar a cooperação, a remuneração variável pode ser para um grupo de pessoas. Em todos os casos, quem a recebe deve conhecer, em detalhe, os critérios para a sua atribuição e deve poder ir acompanhando o quão perto ou distante está dos valores que espera receber. Desta forma, maximiza-se o potencial de incentivo da remuneração variável.

Os benefícios não são um valor entregue em numerário, mas antes algum tipo de vantagem com valor pecuniário, que é disponibilizada aos colaboradores. Entre os benefícios mais comummente encontrados estão a utilização do carro da empresa para uso próprio, seguros de saúde e de vida, descontos para fundos de pensões facultativos e, por vezes mesmo, majoração de dias de férias, viagens, quotas de associações profissionais ou desportivas, entre outros. Pela sua natureza de regularidade, este tipo de compensação é considerado um custo fixo. No entanto, por razões fiscais, pode compensar mais aos colaboradores e às organizações oferecer esta classe de compensação do que pagar em numerário o valor que os colaboradores teriam de despender para obterem esses benefícios.

Por fim, planos de ações só são possíveis em grandes empresas privadas cujos títulos de propriedade sejam representados por ações. Normalmente, a atribuição de ações é feita aos colaboradores mais séniores, embora em algumas organizações existam planos de atribuição de ações mais generalizados, fazendo com que todos sejam proprietários de um «bocadinho» da empresa onde trabalham, contribuindo assim para o *engagement* dos mesmos. Os critérios de atribuição das ações podem ser variados, desde que não sujeitos à *performance* ou algum tipo de discricionariedade baseado em avaliações qualitativas. O que se tem verificado, até pela cada vez maior coexistência de várias gerações na força de trabalho, é a possibilidade dos colaboradores escolherem num rol de benefícios disponíveis os que mais se adequam às suas necessidades e momento de vida.

A percentagem do valor das remunerações nos custos totais das empresas pode variar muito. Enquanto em empresas de serviços esse custo pode chegar aos 70%, em indústrias de capital intensivo, como gás e petróleo, pode ser menos de 5% do total de custos.

Mas vejamos agora como a generalidade das empresas decide que salários-base pagar às várias categorias de colaboradores que emprega.

CUSTO DE MERCADO NO MOMENTO DA CONTRATAÇÃO

Geralmente em pequenas empresas, mas também, em alguns casos, em grandes empresas, pode não existir uma estrutura formal de determinação dos salários-base. Quando se tem de contratar, vai-se ao mercado pesquisar os melhores candidatos de acordo com os requisitos da função, escolhe-se aquele que parece o mais adequado e negoceia-se um salário que o faça aceitar ser contratado.

É um método muito pragmático, mas pode ser perigoso, caso gere problemas de iniquidade interna. Se se for contratar alguém para fazer uma função que já outros façam na organização, o salário do novo «entrante» não deverá ser diferente, pelo menos a sua componente fixa; a não ser que exista algum fator que se consiga apresentar, de uma forma objetiva, por forma a que isso seja entendido pelos colegas. Embora algumas organizações tentem manter os salários «secretos», a realidade mostra-nos que essa informação acaba por ser o segredo mais conhecido de todos. Aconselha-se, assim, transparência nessa informação, com todos os cuidados necessários para preservar a equidade.

Em algumas grandes empresas também acontece fazerem-se algumas contratações desta forma. Muitas podem ter até sistemas formais de determinação de salários (que abordaremos de seguida), no entanto, existem funções, porque únicas, ou em mercados muito concorrenciais, com a tecnologia, por exemplo, em que é necessário alterar as regras, para ser possível a contratação de recursos estratégicos. Mas, uma vez mais, convém encontrar uma argumentação racional para a diferença que exista, para que não surjam problemas de equidade e, mesmo, de integração do novo elemento.

Em seguida, iremos descrever alguns métodos formais de sistematizar a estrutura salarial-base, embora, na prática, todos eles descrevam (ou devem fazê-lo) os valores médios de cada categoria profissional no mercado onde atuam. Qualquer sistema cujas indicações salariais que dê, esteja desfasado do custo de substituição de um colaborador no mercado em determinado momento, não serve. Se isso acontecer, há que o rever com a máxima urgência, sob pena de não se conseguir recrutar os recursos necessários com a exigência necessária. Como diria alguém: *if you pay peanuts you get monkeys*.

ESTRUTURAS DE GRADUAÇÃO DE FUNÇÕES E GRELHAS SALARIAIS

Uma estrutura de graduação de funções é uma forma de agrupar funções semelhantes numa organização, dentro de uma hierarquia, que permita algum grau de comparação entre as várias funções existentes. Para realizar esta tarefa podem-se utilizar metodologias para o efeito, que iremos abordar de seguida.

Uma grelha salarial é uma hierarquia de salários que indica o que é que cada colaborador ganha, tendo em conta a função que desempenha.

Na prática, as coisas devem funcionar assim. Cada função numa organização deve ter uma descrição, ou seja, o que é que a pessoa que a ocupa faz, em termos de deveres e responsabilidades. Essa descrição/conteúdo de função, quando comparada com outras, é mais «importante», igual, ou menos «importante». Assim, o salário que a organização está disposta a pagar pelo desempenho da função deve refletir a posição de importância relativa da função e, se tudo estiver bem feito, deve-se conseguir recrutar no mercado pessoas dispostas a aceitar ser contratadas pelos valores definidos, com os requisitos adequados ao bom desempenho da função.

MÉTODOS DE AVALIAÇÃO DE FUNÇÕES

Existem dois tipos de métodos de avaliação: os globais (de classificação), que comparam os postos de trabalho e classificam-nos a partir da importância dos requisitos para os ocupar; e os analíticos (por pontos e fatores), que estudam todas as exigências dos postos de trabalho, avaliando-as e comparando-as a partir de critérios comuns, objetivos, concisos e detalhados.

Método de hierarquização (*Job Ranking*)

É também denominado método da comparação simples e consiste em hierarquizar as funções de forma crescente ou decrescente, em relação a algum critério de comparação. Trata-se do mais rudimentar dos métodos de avaliação de funções, pois a comparação entre elas é global e sintética, sem considerar nenhuma análise ou decomposição, tendendo a uma comparação um pouco «grosseira».

O valor relativo das funções é efetuado com base nas avaliações feitas por uma comissão e calculando-se a média da classificação dada pelos membros da mesma. As comparações, em geral, baseiam-se nas funções como um todo.

Quando as funções são muitas, deve começar-se por um departamento, passando depois para uma análise interdepartamental. Independentemente do número de funções a avaliar, escolhem-se funções-chave importantes, bem conhecidas por todos, facilmente comparáveis com outras e identificáveis no organigrama da empresa.

Este método é muito simples, mas são vários os seus pontos fracos: a subjetividade dos avaliadores, a dificuldade em separar as funções dos seus ocupantes (quando se aplica a uma organização já em funcionamento) e a falta de experiência dos avaliadores, podem também ser prejudiciais quando vários departamentos estão envolvidos.

Um exemplo será útil para esclarecer melhor este método: suponhamos uma comissão constituída pelos senhores A, B, C, D, E, escolhidos entre pessoas que conhecem bem as funções, identificadas por números. Depois de algumas reuniões para análise e discussão das funções, uniformização de critérios de avaliação e esclarecimento de dúvidas existentes, cada um dos avaliadores classificará as funções por ordem de importância. De seguida, obtém-se a média das classificações atribuindo-se às mesmas valores em euros.

Função	Classificações atribuídas					Média		Remuneração anual em €
	A	B	C	D	E			
1	3	2	1	1	1	1,6	1	90 000
2	6	5	5	6	5	5,4	5	30 000
3	3	3	4	4	3	3,4	4	50 000
4	2	4	3	2	4	3	3	60 000
5	5	6	6	5	6	5,6	6	18 000
6	1	1	2	3	2	1,8	2	70 000

Este método, se bem aplicado e para uma organização pouco complexa, poderá ser uma forma simples de procurar ter equidade interna. A equidade externa conseguir-se-á ao comparar o valor que pretendemos pagar ao que o mercado paga, para funções equivalentes.

Se quisermos sofisticar um pouco esta metodologia, poderemos aplicar o conceito de bandas para cada função, sendo o ponto médio aquele que apresentamos no quadro. Assim, poderíamos ter, por exemplo, estas bandas:

Função	Remuneração anual em €	Bandas salariais
1	90 000	80 000–100 000
6	70 000	60 000–80 000
4	60 000	50 000–70 000
3	50 000	40 000–60 000
2	30 000	25 000–35 000
5	18 000	17 000–19 000

Criando este tipo de bandas, poder-se-á diferenciar trabalhadores em função de antiguidade, por exemplo, formação, ou outros critérios que façam sentido, sem perder um quadro de referência de equidade, tão desejável de existir nas organizações.

Esta metodologia pode-se sofisticar um pouco, se estivermos a falar de uma organização complexa com várias tipologias de funções. Por exemplo, na saúde, teríamos várias funções diferenciadas, como seja enfermagem, medicina, pessoal administrativo, auxiliares de ação médica, técnicos de diagnóstico, etc. Para cada tipo de função poder-se-ia aplicar esta metodologia e definir grelhas salarias diferenciadas.

Método da comparação de fatores (*Job Comparison*)

Este método é uma forma analítica, no sentido de que as funções são comparadas através de fatores de avaliação. A criação do método de comparação de fatores é atribuída a Eugene Benge (1926) que propôs cinco fatores genéricos:

1. Requisitos mentais (aqui, se a formação específica anterior for necessária, é um requisito mental).
2. Habilidade (experiência, iniciativa, engenhosidade).
3. Requisitos físicos (físico, mental, visual).
4. Responsabilidades (por pessoas, máquinas, valores, produtos, segurança).
5. Condições de trabalho (higiene, perigosidade).

O método de comparação por fatores exige as seguintes etapas que devem ser desenvolvidas após a análise das funções:

- Escolha dos fatores de avaliação: constituem critérios de comparação, isto é, instrumentos de comparação que permitirão hierarquizar as funções a avaliar. Em princípio poder-se-ão escolher entre os cinco apresentados ou, mesmo, todos.
- Definição do significado de cada um dos fatores de avaliação, por forma a todos os envolvidos ficarem com uma noção clara do que cada um significa: quanto melhor a definição dos fatores, tanto maior a precisão do método.

• Escolha das funções de referência: permite as comparações entre funções. Devem-se escolher entre 10 a 25 funções, conforme o tamanho da organização. Os critérios devem ser: a) bem representativos; b) estáveis no organigrama; c) conhecidos por muitos; d) fáceis de definir; e) correspondentes a vários níveis de salários; e f) valores monetários considerados justos e razoáveis, tanto dentro quanto fora da organização.

• Hierarquização dos fatores de avaliação: cada função de referência é avaliada através da hierarquização dos fatores de avaliação.

Para exemplificar, iremos considerar que existem 6 funções-base e que as iremos avaliar em quatro fatores: habilidade, esforço, responsabilidade e condições de trabalho:

Fator em análise: Habilidade

Funções	Classificações dadas					Média	
	A	B	C	D	E	Numérica	*Ranking*
1	1	2	1	1	2	1,4	1
2	5	6	5	5	6	5,4	5
3	3	4	2	4	3	3,2	3
4	4	3	4	3	4	3,6	4
5	6	5	6	6	5	5,6	6
6	2	1	3	2	1	1,8	2

• Avaliação dos fatores nas funções de referência: tomando-se por base as funções de referência (funções de 1 a 6 no quadro que se segue), os fatores devem ser posicionados e ponderados em função da sua contribuição individual para o total, de modo que a soma total dos salários obtida para um cargo de referência possa ser dividida e considerada em termos absolutos para cada fator.

Função	Fatores			
	Habilidade	Esforço	Responsabilidade	Condições de trabalho
1	1	4	3	3
2	5	6	6	1
3	2	1	4	5
4	3	2	2	6
5	6	3	5	4
6	4	5	1	2

- Montagem da matriz de avaliação dos fatores: é a reconciliação dos resultados obtidos na avaliação de fatores com aqueles obtidos no escalonamento original dos fatores. Deve haver conformidade entre as diferenças relativas indicadas pelo escalonamento e as diferenças absolutas encontradas nas alocações salariais arbitrárias e subjetivas.

Função	Salário €/ano	Habilidade		Esforço		Responsabilidade		Condições de trabalho	
		Ranking	K€	*Ranking*	K€	*Ranking*	K€	*Ranking*	K€
1	90 000	1	45	4	6	3	22,5	3	16,5
2	30 000	5	6	6	3	6	3	1	18
3	50 000	2	18,3	1	23,3	4	5	5	3,4
4	60 000	3	18	2	15	2	24	6	3
5	18 000	6	1,8	3	7,2	5	3,6	4	5,4
6	70 000	4	14	5	4,2	1	35	2	16,8

Neste exemplo, o salário para cada uma das 6 funções-chave é conhecido (e considerado equitativo, interna e externamente). O objetivo é decompor, para cada função, o salário global nas componentes ou fatores em que a função foi avaliada. Como é lógico, a soma do valor correspondente a cada fator, totalizará o salário da função. Esta ponderação é um pouco arbitrária. De facto, não existe nenhuma metodologia científica que garanta que o valor atribuído a cada fator, tendo em consideração a sua posição na hierarquização, é o mais correto. A forma melhor de o fazer é ter vários elementos da organização, conhecedores da função e, preferencialmente, auxílio externo, para garantir, senão objetividade, pelo menos mais intersubjetividade.

- Escala comparativa de cargos: transformação da matriz de hierarquização e de avaliação em cada escala comparativa de funções.

Salário em K€	Habilidade	Esforço	Responsabilidade	Condições de trabalho
50–55				
45–50	Função 1			
40–44				
35–39			Função 6	
30–34				
25–29				

Salário em K€	Habilidade	Esforço	Responsabilidade	Condições de trabalho
20–24		Função 3	Função 1/4	Função 2
15–19	Função 3/4	Função 4		Função1/6
10–14	Função 6			
5–9	Função 2	Função 1/5	Função 3	Função 5
0–4	Função 5	Função 2/6	Função 2/5	Função 3/4

Uma vez posicionadas estas funções, e partindo do princípio de que os salários foram bem definidos, qualquer outra função pode ser colocada na grelha, fator a fator (mais acima se valer mais nesse fator, e mais abaixo se valer menos) e assim calcular o seu valor salarial total.

Método de avaliação por pontos

É também denominado método de avaliação por fatores e pontos. Criado pelo americano Merril R. Lott, é um método de avaliação de funções muito utilizado nas organizações, pois fornece bons resultados sem complexidades excessivas. As funções são avaliadas por meio de fatores comuns a todas as funções, como no processo de comparação de fatores anteriormente apresentado. No método de pontos, porém, as funções são pontuadas na proporção em que nelas existam os fatores escolhidos pela comissão de avaliação de funções. Somam-se os resultados das várias medidas, em pontos, chegando-se a um valor quantitativo para cada função, que será convertido em euros.

Escolha de Fatores

Os fatores a utilizar, podem ser os mesmos, ou parte deles e outros relevantes, do que aqueles que foram utilizados no exemplo anterior. No entanto, no geral, procura-se um pouco mais de detalhe, ao dividi-los em subfatores.

Fatores críticos	Níveis			
	Mínimo I	Baixo II	Moderado III	Alto IV
Responsabilidade				
Segurança de pessoas	25	50	75	100
Equipamentos e materiais	20	40	60	80
Formação a outros	5	20	35	50
Qualidade	20	40	60	80
Habilidade				
Experiência	45	90	135	180
Formação e treino	25	50	75	100
Esforço				
Físico	25	50	75	100
Mental	35	70	105	150
Condições de trabalho				
Condições adversas	20	40	60	80
Riscos	20	40	60	80
			Total de pontos	1000

Inicialmente baseada em análises e descrições de funções, a comissão avaliadora estabelece os fatores comuns a todas as funções que, vamos supor, sejam os mesmos anteriormente adotados, isto é, habilidade, esforço, responsabilidade e condições de trabalho. Pode ser difícil conciliar fábrica e escritório como tendo os mesmos fatores, nos seus diversos graus. Daí que, por vezes, se adotem avaliações distintas.

Seguidamente, e uma vez que os níveis dos fatores variarão muito entre funções, determina-se um conjunto de níveis para cada fator. No exemplo do quadro acima são quatro os níveis.

Em terceiro lugar, tendo os fatores listados na vertical e os graus na horizontal, vai-se construir uma matriz de pontos. Começando pelo nível mais alto, o comité de avaliação atribui pontos de forma subjetiva a cada subfator, para determinar a sua importância relativa. Esta atribuição de pontos, permite ao comité de avaliação a atribuição de pesos específicos a cada subfator. No nosso exemplo, atribuiu o dobro da importância à segurança de pessoas (100) do que à responsabilidade de formação e treino de outros (50). Também se convencionou para o exemplo que uma função valerá, no máximo, 1000 pontos, que é a soma dos pontos totais de todos os subfatores avaliados no grau máximo.

Em quarto lugar, uma vez atribuídos os pontos ao nível mais alto, atribuem-se pontuações aos níveis mais baixos. Para simplificar, usualmente atribuem-se variações idênticas às pontuações à medida que se passa para os níveis inferiores.

Finalmente, deve existir um manual de atribuição de pontos, que deve descrever, com clareza, o que significa cada grau de cada subfator.

Subfator – Experiência		
Definição – Tempo necessário para que a pessoa, tendo a formação relevante, possa desempenhar, com eficiência, o posto de trabalho		
Nível 1	Menos de um ano	45
Nível 2	De um a dois anos	90
Nível 3	De dois a cinco anos	135
Nível 4	Mais de cinco anos	180

Subfator – Formação e treino		
Definição – Avalia os conhecimentos gerais e especializados necessários para desempenhar a função		
Nível 1	Ter terminado o secundário	25
Nível 2	O anterior, mais conhecimentos de cálculo comercial	50
Nível 3	Curso de contabilidade	75
Nível 4	Registo como CC e mestrado em área da Gestão	100

FAMÍLIAS DE FUNÇÕES

Independentemente do processo que se utiliza para determinar o salário a atribuir a cada função, é comum as funções estarem agrupadas por famílias de funções, por forma a haver uma maior uniformidade e facilidades na aplicação dos métodos anteriormente referidos. Para além disso, para fazer gestão de carreiras, é também muito facilitador a aplicação desta metodologia.

Para exemplificar apresentaremos um modelo de famílias de funções com uma orientação funcional, ou seja, vendas, finanças, recursos humanos, operações e IT. No entanto, as famílias de funções poderão ser de diferente natureza, consoante o tipo de atividade em questão.

Também é normal que se atribua um nível de posicionamento comparativo dentro de cada família funcional. Assim, torna-se possível comparar funções dentro de cada família, bem como entre famílias distintas. Mas, passemos ao exemplo:

Nível	Família funcional				
	IT	Vendas	Operações	Finanças	HR
1	Resp. de infraestruturas Resp. aplicacional	Diretor comercial	Diretor de operações	Diretor financeiro	Diretor de RH
2	Analista sénior Especialista online	Chefe de vendas		Chefe de contabilidade Responsável de tesouraria	RH *Bussiness partner* Responsável de recrutamento
3	Programador Analista	Comercial	Chefe de equipa		
4	*Helpdesk*			Assistente Administrativo	
5		Assistente comercial	Assistente pós-venda		Assistente de RH

Neste exemplo, cada família apresenta cinco níveis de posicionamento na organização. Para cada nível pode corresponder uma banda salarial, quer dizer, um salário-base que varie entre um valor mínimo e um máximo. Por exemplo, no IT, o nível 1 pode variar entre 80 000 €/ano e 120 000 €/ano. Não quer dizer que, em outra família funcional, o grau 1 tenha os mesmos limites. Como vimos anteriormente, em cada momento é o mercado que determina os valores pelos quais conseguimos contratar as pessoas, o que obriga as organizações a reverem com uma certa periodicidade as grelhas salarias aplicáveis.

MIX SALARIAL

Como anteriormente foi referido, no momento de contratar, o importante é ter a certeza de estar a recrutar o recurso certo ou, pelo menos, a pessoa que considerámos melhor, dada a amostra que avaliámos. Cada vez mais a guerra pelo talento é uma realidade e é comummente aceite que quem tem os melhores recursos humanos é quem apresenta os melhores resultados. Pagar salários-base acima da média do sector, como veremos mais em detalhe num capítulo posterior, pode ter uma dupla vantagem: uma primeira de atrair mais facilmente candidatos para a nossa organização; uma segunda, que é obterem-se maiores níveis de produtividade, mesmo com menos controlo, devido ao facto de os colaboradores saberem que se perderem esse emprego, não encontram outro tão bem pago. Nos países onde é mais difícil terminar um contrato de trabalho isto não é bem assim. Mesmo que o desempenho de alguém seja sistematicamente abaixo da média, nada se pode fazer para deixar ir esse empregado, o que pode criar um clima de «relaxamento» laboral que em nada favorece a produtividade.

Claro está que nem sempre é possível, sem reflexos na produtividade, pagar salários-base mais elevados. No entanto, é sempre possível compor um *mix* salarial onde exista uma componente variável associada à avaliação de desempenho e que componha o salário total. No limite, pode-se estar a falar desde 50% do salário total até tão pouco como 5 ou 10%. É um facto que se está a passar um pouco do risco do negócio para os colaboradores; é transformar, um pouco, os colaboradores em empreendedores. No entanto, nos países em que existam restrições legais ao despedimento, é uma excelente forma de gerir o desempenho das pessoas.

Para que seja possível a implementação de um sistema de bónus global, é necessário existir uma gestão muito cuidada, na qual todas as pessoas têm objetivos (qualitativos e/ou quantitativos) e existe um sistema fidedigno para avaliar o grau de atingimento desses objetivos, como anteriormente já referimos. Uma possibilidade de implementar um sistema destes sem que as pessoas tenham de esperar pelo fim do ano para receber o bónus, é ir fazendo adiantamentos mensais em função do grau de desempenho mínimo, que dá direito a receber, pelo menos, uma parte do bónus. Mais à frente, referiremos mais em detalhe como se pode calcular esses valores.

Como exemplo, considere uma pessoa que ganha 14 000 €/ano e tem um bónus de 2000 euros para 100% da sua avaliação de desempenho. Ou seja, se atingir tudo o que é pedido a 100% recebe um total anual de 16 000 €. Todos os meses pode ir adiantando uma quantia desse bónus, por exemplo, 100 €/mês, e no final do ano faz o acerto.

Uma situação que pode ocorrer é o desempenho ficar abaixo do mínimo exigido para receber o bónus. Aí, duas situações se podem pôr: ou devolve o bónus; ou fica com ele, mas não entra no esquema de bónus no próximo ano.

Ao utilizar um *mix* remuneratório flexível, ajuda a contornar o efeito de acomodação que uma legislação laboral rígida induz, dando uma oportunidade às pessoas para gerirem o seu grau de esforço.

Chamo a atenção, uma vez mais, para que a implementação de um esquema desta natureza requer um rigor de gestão muito grande e um sistema de avaliação de desempenho a funcionar em pleno.

Termino este capítulo enfatizando que o sistema de remunerações em vigor numa organização não deve impedir a contratação dos melhores, por falta de competitividade. Investir no que se acredita ser o ativo diferenciador nas organizações, desde que acompanhado de boas práticas de gestão, acaba sempre por compensar.

No capítulo seguinte ir-se-á falar de incentivos. A compreensão da próxima temática é crucial para a concretização do princípio de que uma boa gestão consegue-se conciliando as necessidades das pessoas com os objetivos da organização.

CAPÍTULO 7
Incentivos

Neste capítulo analisa-se alguma da informação existente sobre incentivos, as suas limitações e possibilidades. Também é apresentada uma metodologia que garante que, se seguida, permite maximizar a utilidade dos programas de incentivos. Mote do capítulo: *as pessoas não se comportam como nós queremos; comportam-se como as incentivamos a comportar-se* — Peter Drucker.

Contrariando aquilo que é atualmente considerado como boa prática de compensação e benefícios pela maioria das empresas, alguns estudos mostram que em determinadas situações o aumento dos incentivos financeiros não tem como consequência a melhoria do desempenho dos trabalhadores. Embora, como veremos mais à frente, exista evidência de que os incentivos aumentam os resultados, situações há em que isso não funciona dessa forma. Vamos começar por analisar algumas dessas situações.

A expectativa de que o desempenho aumente na presença de incentivos monetários, baseia-se na seguinte premissa:

Ou seja, um aumento dos incentivos incrementa a motivação que, por sua vez, sendo maior, leva a um aumento do desempenho.

Mas será que um aumento dos **INCENTIVOS** gera, sempre, um incremento da **MOTIVAÇÃO**?

Edward L. Deci conduziu três experiências em 1971 com o objetivo de analisar o efeito da atribuição de incentivos externos na motivação intrínseca dos participantes.

A primeira experiência envolveu 24 estudantes com a missão de reproduzir determinada figura num *puzzle*. Os participantes foram divididos em dois grupos: o grupo de controlo e o grupo experimental. A experiência consistiu em três sessões em que cada participante tinha como objetivo reproduzir 12 figuras (4 por sessão), tendo 13 minutos por *puzzle* para o fazer. A única diferença entre os grupos foi que o grupo experimental recebeu uma recompensa financeira na sessão 2 para concluir a tarefa, ou seja, nesta sessão, os participantes realizaram a atividade movidos não só pela motivação intrínseca, mas também por incentivos externos.

Tabela I. *Incentivos recebidos pelos participantes na experiência I (Edward L. Deci, 1972)*

	Grupo de Controlo	Grupo Experimental
Sessão 1	0	0
Sessão 2	0	$ 1 por cada puzzle resolvido abaixo de 13 minutos
Sessão 3	0	0

Para medir a motivação para a tarefa o avaliador ausentou-se do laboratório durante 8 minutos durante cada sessão. Deste período, o tempo que o participante passou a resolver o *puzzle* foi considerado a medida da motivação. Para além disso, os participantes avaliaram, através de um questionário, o quão interessante e agradável consideraram a tarefa no final de cada sessão.

A conclusão foi que, depois de terem recebido incentivos na sessão 2, a motivação do grupo experimental na sessão 3 diminuiu para níveis mais baixos do que na sessão 1.

Para validar esta conclusão, Deci replicou esta experiência fora do laboratório, na redação de um jornal universitário. Durante 10 semanas, divididas em três períodos, um grupo de oito estudantes teve como tarefa escrever manchetes para o jornal. O tempo despendido nesta atividade foi cronometrado.

Tabela II. *Incentivos recebidos pelos participantes na experiência II (Edward L. Deci, 1972)*

	Grupo de Controlo	Grupo Experimental
Sessão 1	0	0
Sessão 2	0	$ 0,5 por cada manchete
Sessão 3	0	0

A *performance* nesta tarefa foi usada como medida da motivação, ou seja, quanto mais rapidamente a tarefa fosse concluída, mais motivado seria considerado o participante.

Mais uma vez, a conclusão foi semelhante à experiência anterior. Depois de retirado o incentivo monetário (período 3), o desempenho do grupo experimental diminuiu, sugerindo que houve um decréscimo na motivação para a tarefa. Para além disso, esta experiência foi prolongada por um quarto período, durante o qual a motivação do grupo experimental se manteve abaixo da do grupo de controlo, ou seja, a quebra de *performance* verificada não foi um fenómeno temporário.

Ambas as experiências apoiam a hipótese formulada por Deci de que quando os indivíduos desempenham determinada tarefa movidos por uma motivação intrínseca e passam a receber incentivos externos sob a forma de compensações monetárias, a motivação diminui.

Numa terceira experiência, Deci propôs-se a analisar o impacto na motivação quando estes incentivos externos são a aprovação social/ /reforço verbal, em vez de compensações financeiras. Deci replicou a experiência I, mas em vez de incentivos financeiros, os participantes do grupo experimental receberam incentivos verbais positivos durante a sessão 2.

Tabela III. *Incentivos recebidos pelos participantes na experiência III (Edward L. Deci, 1972)*

	Grupo de Controlo	**Grupo Experimental**
Sessão 1	0	0
Sessão 2	0	Reforço verbal e *feedback* positivo
Sessão 3	0	0

Os resultados demonstraram que a motivação do grupo experimental aumentou na sessão 2 e foi superior à do grupo de controlo. A diferença entre a motivação nas sessões 3 e 1 do grupo experimental foi menor do que a diferença entre estas sessões no grupo de controlo. Assim, conclui-se que a motivação intrínseca aumentou quando foram usados incentivos sociais em vez de financeiros.

A explicação para este fenómeno, corroborada anteriormente por deCharms (1968), é a de que a introdução de uma compensação monetária leva a uma reavaliação cognitiva da tarefa, devido à conotação cultural do próprio dinheiro na sociedade. Deste modo, uma tarefa que é realizada pelo prazer da tarefa em si (motivação intrínseca) passa a ser motivada pela expectativa financeira.

Por outro lado, Deci demonstrou que incentivos como a aprovação social, através da utilização de reforço verbal e/ou *feedback* positivo, parecem ter um impacto positivo na motivação intrínseca. Nestes casos, o indivíduo continuará a estar motivado intrinsecamente pela tarefa, uma vez que é menos provável que identifique a aprovação verbal como um mecanismo de controlo, ao contrário do incentivo financeiro.

Parece, também, claro, que o elogio, ou incentivo social, se foca na melhoria da autoestima da pessoa a quem se dirige, influenciando o seu estado emocional que, como está demonstrado, influencia a forma como encaramos, não só o trabalho, como o mundo.

Estas experiências reforçam a ideia de que nunca é demais elogiar, independentemente dos mecanismos de premiação financeira existentes. A minha experiência de vida e de gestão, já longa, tem-me demonstrado que muitos gestores experimentam uma enorme dificuldade em elogiar, muitas vezes dando para si próprios a justificação de que não é necessário porque quem faz bem, sabe que fez bem. No entanto, o ponto não é esse. O ponto é reforçar a autoestima do outro.

E vejamos agora, se o aumento da **MOTIVAÇÃO** leva sempre a uma melhoria da ***PERFORMANCE***.

A relação entre motivação e *performance* foi analisada por Dan Ariely, Uri Gneezy, George Loewenstein e Nina Mazar, em 2009, através de três experiências.

A primeira experiência estudou uma população de 87 residentes de uma cidade rural na Índia e constou numa série de seis jogos que avaliam competências a nível de criatividade, concentração e *skills* motoras. Os participantes receberam incentivos de acordo com o seu desempenho em cada jogo e foram divididos em três grupos consoante a recompensa oferecida:

Grupo 1 – Incentivos Baixos
Grupo 2 – Incentivos Médios
Grupo 3 – Incentivos Elevados

Os resultados demonstraram que o grupo 3 obteve pior *performance*, isto é, o desempenho dos participantes revelou-se mais baixo quando foram atribuídos incentivos elevados. Por outro lado, os grupos 1 e 2 obtiveram desempenhos semelhantes, ou seja, não houve diferenças significativas no desempenho quando foram atribuídos incentivos pequenos ou médios. Este resultado é consistente com a Lei de Yerkes-Dodson (Yerkes e Dodson, 1908), sugerindo que incentivos baixos posicionaram os participantes no nível mais elevado de *performance*, pelo que incentivos monetários adicionais não surtiram efeito, ao nível do desempenho.

A conclusão é que incentivos monetários elevados podem ter efeitos perversos na *performance*, independentemente do tipo de atividade e competência requerida.

Na segunda experiência foi analisada uma população de 24 estudantes do MIT, cuja missão era realizar duas tarefas com as quais os participantes estavam familiarizados. Uma destas tarefas requer competências cognitivas enquanto a outra implica sobretudo a utilização de competências mecânicas.

Tabela IV. *Atividades e Esquema de Incentivos Experiência II (Ariely, Gneezy, Loewenstein e Mazar, 2009)*

Tipo de Competências	Atividade	Esquema de Incentivos
Competências cognitivas	Somar números	**Baixo incentivo:** • $ 0: resolver 9 matrizes ou menos; • $ 15: resolver 10 matrizes; • $ +1,5 por cada matriz adicional (até um máximo de $ 30). **Incentivo elevado:** $ 0, $ 150, $ 300
Competências mecânicas	Digitar as letras V e N, alternadamente, num teclado	**Baixo incentivo:** • $ 0: digitar 599 combinações ou menos, • $ 15: digitar 600 combinações; • $ +0,19 por cada combinação adicional **Incentivo elevado:** $ 0, $ 150, $ 300

Os estudantes foram divididos em dois grupos:

Grupo 1 – Recebe incentivos baixos
Grupo 2 – Recebe incentivos elevados

Ambos os grupos executaram ambas as atividades e, posteriormente, os participantes trocaram de grupo de modo a todos terem oportunidade de receber a mesma recompensa.

Os resultados demonstraram que na atividade de somar números, incentivos mais elevados diminuíram a *performance*, suportando a conclusão da experiência anterior. Pelo contrário, na atividade de digitar combinações num teclado, incentivos mais elevados melhoraram o desempenho, sugerindo que **tarefas primordialmente mecânicas beneficiam da atribuição de maiores incentivos**.

Conclui-se que para **tarefas que requerem uma forte componente cognitiva**, parece haver um **nível ótimo de incentivos**, para além do qual o seu aumento inibe a *performance*. Talvez o stress de perder uma recompensa elevada prejudique a concentração necessária para fazer mais e melhor.

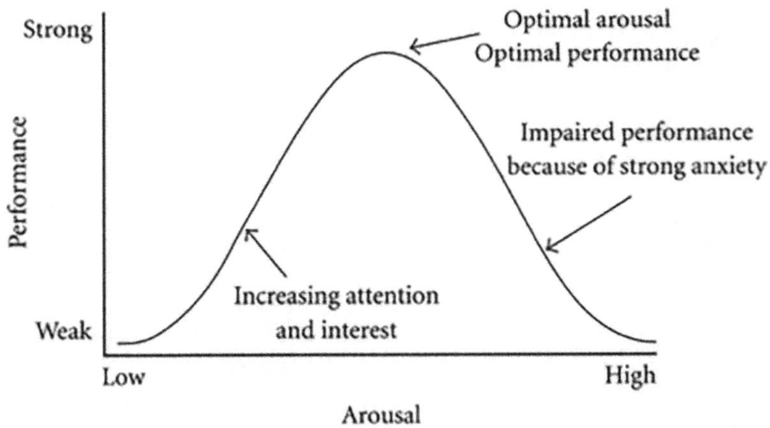

Todos sabemos como certas situações podem afetar o desempenho pela ansiedade que provocam. Falar em público pode ser uma delas. Imagine que tem de ir falar em público e que só isso lhe provoca ansiedade.

Dizem-lhe, ainda, que se as pessoas o avaliarem bem, recebe um prémio «enorme». A ansiedade provocada pela situação mais a ansiedade provocada pela possibilidade de o fazer perder um prémio que tanta falta lhe fazia, gera uma situação propícia à tempestade perfeita. Não sei se a apresentação correria bem. Talvez se o resultado não fosse tão significativo essa parte da ansiedade não o afetasse.

Na terceira experiência, Ariely e os colegas analisaram o impacto no desempenho quando determinada atividade é realizada em público. É expectável que a presença de audiência aumente a motivação para a tarefa, induzindo ansiedade sob pressão, mas qual será o impacto na *performance*?

Nesta experiência, os participantes tinham como missão resolver um anagrama, tarefa que envolve criatividade, sendo que nalgumas das rondas alguns dos participantes eram observados por outros enquanto executavam a atividade. O pagamento por cada anagrama resolvido com sucesso era $ 0,33, fosse este resolvido em privado ou em público.

Os resultados demonstraram que os participantes resolveram mais anagramas em privado do que em público.

Conclui-se que incentivos elevados, bem como a presença de audiência, podem ter um impacto negativo na *performance*. Esta conclusão foi verificada em atividades que requerem uma forte componente cognitiva, nomeadamente concentração, resolução de problemas e criatividade, enquanto tarefas primordialmente mecânicas parecem beneficiar da atribuição de incentivos adicionais. De referir, também, que essas tarefas criativas que requeriam uma forte componente criativa, tinham tempo para serem concluídas. Assim, além da dificuldade da tarefa, existia a pressão do tempo que, por si só, condiciona o desempenho.

A explicação para estes resultados baseia-se no facto de os indivíduos ativarem a monitorização consciente do comportamento quando recebem compensações para lá do nível ótimo ou na presença de audiência, o que cria demasiada pressão em tarefas automáticas. Esta pressão tem como consequência a diminuição do desempenho.

Como conclusão destes primeiros estudos, segundo os autores, não devemos assumir que a introdução, ou o aumento de incentivos financeiros, tem como consequência direta a melhoria da *performance*. As empresas tendem a oferecer compensações monetárias elevadas para funções na área de vendas, que exigem *skills* cognitivas. Neste caso, os colaboradores tendem a ter um salário-base relativamente baixo e uma componente variável mais elevada, sob a forma de comissões. Estes estudos sugerem que a atribuição de incentivos acima do nível ótimo não melhora a *performance*, não representando, por isso, um bom fator compensatório para estes colaboradores. Nestes casos, poderá ser dada mais relevância à atribuição de incentivos sociais. É aqui que o papel do líder, como motivador, pode ser determinante; o reconhecimento e o elogio merecido podem fazer a diferença, como já foi atrás referido várias vezes.

Recordo-me de um caso do meu passado profissional, passado numa grande loja de produtos para o lar, onde este papel do líder como motivador ficou perfeitamente claro. Nessa loja havia três secções, cada uma com vários vendedores. O sistema comissional era idêntico para todos e o seu perfil comercial, diria, que era idêntico. Um dos grupos, sistematicamente, obtinha resultados melhores do que os outros. Ao procurar a causa dessa diferença constatou-se que o líder do grupo acima da média tinha um estilo de gestão mais próximo dos colaboradores, fazia reuniões diárias com a equipa (os outros não), elogiava sempre que podia, e estava na primeira linha sempre que algum dos seus colaboradores necessitava de ajuda, ao contrário dos outros, que eram mais ausentes.

No entanto, em meu entender, é perigoso generalizar os resultados destas experiências, essencialmente porque em todas existe o fator tempo; ou seja, os grupos têm um tempo definido para concluir as tarefas e isso pode influenciar a utilização das suas capacidades cognitivas. Se a questão do tempo não fosse tema, estou certo, como aliás mostram muitos outros estudos a que à frente se faz referência, que os incentivos melhoram o desempenho. Veja-se o caso de um CEO ou de um advogado de topo. Seguramente que a entrega destes profissionais não seria tão grande se muito da sua retribuição global não estivesse associada a resultados. E quer queiramos, quer não, estar no topo requer muito esforço e muita dedicação e, logo, expectativa de retorno.

Por outro lado, no caso de funções operacionais que envolvem sobretudo tarefas mecânicas/motoras, como a linha de produção, os colaboradores tendem a ter um salário fixo sem componente variável. Nestes casos, em que os incentivos são mais baixos ou inexistentes, a introdução ou o ligeiro aumento de benefícios monetários poderá ter um impacto positivo no desempenho. Nestes casos, existe sempre a pressão do tempo, pelo que as conclusões dos estudos podem ser mais generalizáveis.

De referir, também, que os estudos apresentados anteriormente, e que se referem à motivação intrínseca, foram realizados com voluntários, ou seja, não eram assalariados do investigador no momento da realização do estudo. Isto é importante referir porque nas organizações as pessoas são pagas para fazer o que fazem, logo a motivação intrínseca já é afetada por essa causa. Assim, qualquer sistema de incentivo que se ponha em cima disso, já padece dessa diminuição e terá de lidar com ela.

THE INCENTIVE RESEARCH FOUNDATION

Mas, para avaliar melhor o impacto de sistemas de incentivos nos resultados, passamos a apresentar um resumo de um trabalho da The Incentive Research Foundation que foi efetuado em 2002.

Segundo esse estudo, um número significativo de estudos e de meta-análise de dados revela que incentivos tangíveis, como dinheiro e prémios, quando devidamente escolhidos e administrados, podem aumentar dramaticamente a *performance*; quando incentivos tangíveis são cuidadosamente escolhidos, implementados e controlados, levam a um aumento do desempenho na ordem dos 22%.

Como vimos atrás, existem evidências que, em determinadas condições, os incentivos financeiros podem diminuir a motivação intrínseca pela tarefa. No entanto, e em contraste, Eisenberger e Cameron (1996) Eisenberger, Rhoades e Cameron (1999) afirmam que sistemas de incentivos devidamente desenhados são consistentemente bem-sucedidos, e mostram evidência que quando os níveis salariais são insuficientes, sistemas devidamente desenhados de prémios e incentivos financeiros podem aumentar dramaticamente o desempenho, sem prejudicar a motivação intrínseca no trabalho.

Segundo esses autores, existe evidência sólida que premiando as pessoas por excederem os objetivos definidos leva-as a:

- Valorizar mais as tarefas;
- Ter mais autoconfiança e mais apreço pelos empregadores;

- Ser mais persistentes;
- Lutar por níveis mais elevados de desempenho e de realização, desenvolvendo um maior interesse pelo trabalho.

Os incentivos funcionam com diferentes níveis de eficácia, dependendo do que está a ser endereçado. A análise do que tem sido investigado nesta área revela que:

- Os incentivos são menos úteis quando as organizações querem melhorar o desempenho dos colaboradores a fazerem algo que nunca tinham feito. Em média, nestas situações, só se obtém cerca de 15% de melhoria.
- Os incentivos são mais eficazes quando se quer melhorar o desempenho em tarefas familiares. Em média, nestas situações, consegue-se um aumento de 27%.
- Os incentivos são efetivos no encorajamento da utilização de um maior esforço mental no desempenho das tarefas. Em média, nestas situações, consegue-se um aumento de 26%.

Como se pode imaginar, tarefas não familiares requerem o domínio de outras competências do que as existentes na força de trabalho ou, pelo menos, aplicar as competências existentes em outro contexto. Assim, nestas situações, os incentivos não só funcionam menos como, como se viu na primeira parte deste capítulo, podem até provocar *stress*, não fomentando melhores desempenhos. Nestas situações, *coaching* e formação prévias são necessários antes de tirar o máximo proveito dos sistemas de incentivos. Aí, talvez incentivar os resultados da formação possa fazer mais sentido para, posteriormente, incentivar o desempenho da tarefa.

Imagine que pretende pôr a força de vendas de um banco a vender um produto inovador, mas complexo, e que desenha um programa de incentivos muito competitivo. Se a generalidade da força de vendas não dominar as características do produto, o argumentário de vendas, a resposta a potenciais objeções, seguramente o programa não funcionará como esperado. Tipicamente, as pessoas não irão ocupar o seu tempo, que normalmente é tão preenchido, com o autoestudo do produto.

Alguns nem sequer terão condições para se prepararem sozinhos. Este é um caso claro no qual, previamente ao programa de incentivos, deverá ser feito um programa de formação exaustivo, que garanta uma adesão, com sucesso, ao programa e bons resultados no final.

Até agora temos estado a falar de incentivos individuais. Mas será que os incentivos, quando aplicados a grupos, têm o mesmo efeito? Sim, segundo a investigação, os incentivos aplicados a grupos têm, ainda, um maior efeito: conseguem aumentos até 45% no desempenho. E porquê esta diferença tão grande? Suspeita-se que seja por causa da «folga social» ou *social loafing*. A folga social é observada quando, numa atividade em grupo, um indivíduo exerce menor esforço para atingir os resultados desejados do que quando ele trabalha sozinho. Combinando com os outros elementos desse grupo, o resultado pode ser menor do que com a soma do desempenho individual dos elementos do grupo. As causas da folga social são explicadas pela falta de reconhecimento do esforço individual, se comparado ao esforço coletivo num grupo; uma má distribuição de recompensas entre os membros do grupo. Pode ainda ser influenciada pela personalidade própria do indivíduo ou dos outros elementos do grupo, e, ainda, pelos objetivos pessoais diferirem do objetivo do grupo.

Quando se implementam incentivos para o desempenho dos grupos, o *feedback* sobre o desempenho dado pelos outros elementos do grupo, tende a reduzir este efeito. Mesmo na ausência de controlo, por parte da organização, são os próprios elementos do grupo que se controlam uns aos outros, incentivando, desta forma, o desempenho do grupo.

Isto verifica-se amiúde em trabalhos de grupo na faculdade. Quando o trabalho é para nota, é o próprio grupo que faz pressão sobre os elementos menos produtivos, excluindo-os, mesmo, de próximos trabalhos.

TIPOS DE SISTEMAS DE INCENTIVOS

De acordo com Bonner, Sprinkle and Young (2000), os sistemas de incentivos podem ser classificados em quatro categorias:

- Quotas – os incentivos são atribuídos quando se atinge ou ultrapassa um objetivo.

- Pagamento à peça – os incentivos são atribuídos por unidades de desempenho, como, por exemplo, produzindo mais de algo.
- Torneio – quando indivíduos ou grupos competem e *the winner takes all*, ou seja, o vencedor ganha o prémio.
- Valor fixo – quando é paga uma soma fixa por um trabalho específico.

De acordo com estes investigadores, existe evidência de o sistema de quotas ser o mais eficaz, seguido do sistema de pagamento à peça. Curiosamente, o sistema de torneio não é mais eficaz que o de valor fixo, sendo que os dois não são particularmente eficazes.

Para se entender porque será o sistema de quotas o que obtém melhores resultados do que os outros esquemas de incentivos, é necessário perceber quais as variáveis motivacionais que são influenciadas por estes sistemas.

No caso do sistema de quotas, os trabalhadores vêm aumentada a utilidade da tarefa, ou seja, percebem que fazendo mais e melhor poderão ganhar mais do que simplesmente o seu salário-base. Para além disso, aumenta a perceção de controlo, ou seja, cada um pode decidir o nível de empenho que coloca na tarefa sabendo as recompensas (ou ausência delas) motivadas pela sua escolha. Para além disto, existe evidência (Locke, 1968), que quando os objetivos definidos são específicos e desafiantes produzem melhores desempenhos do que quando são vagos e fáceis de atingir. Se quiser ter uma melhor perceção disto, veja o esquema do modelo EDS apresentado em capítulo anterior.

«Resolver cinco processos por dia (quando a média tem sido quatro) cumprindo todos os requisitos de qualidade definidos» é, seguramente, mais motivador do que o seguinte enunciado: «fazer o melhor possível na resolução dos processos».

No caso do pagamento à peça, o sistema também aumenta a utilidade do trabalho e a perceção de controlo. No entanto, na generalidade dos casos, neste sistema não são definidos objetivos à partida. Alguma investigação sugere que, sem definição prévia de objetivos, muitos de nós escolhem objetivos menos ambiciosos. Isto porque escolher objetivos menos ambiciosos e atingi-los, pode ter como efeito um aumento da autoestima, coisa que não acontece quando não se atingem objetivos, por serem difíceis.

Se um trabalhador puder escolher o quanto vai produzir em determinado dia, pode levar a que escolha fazer menos, porque não precisa, nesse momento, assim tanto, de mais dinheiro, aconteça desde que esse ganho adicional não justifique o esforço que teria de empenhar para fazer mais.

Quem já foi a alguns países da América do Sul e tenha visitado as vilas piscatórias, sabe que a partir de um certo dia da semana deixa de haver peixe fresco, porque os pescadores já fizeram, nos primeiros dias, o dinheiro que necessitavam para viver até ao final da semana. E quando se vive de semana a semana...

No caso do torneio, parece não funcionar tão bem porque na generalidade dos casos é visto como injusto. É uma competição em que muitos se esforçam, mas só um ganha e a não ser que alguém sinta que tem grande vantagem e possibilidade de ganhar, tende a desinteressar-se de se esforçar. Para além disso, têm sido relatados casos em que as pessoas (ou grupos) se boicotam mutuamente para aumentar a possibilidade de ganharem. Como imaginam, isso pode ser bom para eles, mas seguramente é mau para as organizações. Igualmente no caso do valor fixo, a questão da injustiça pode estar presente, onde muitos podem ter a sensação de que fazer bem ou fazer mal resulta no mesmo: um valor fixo. Assim, pode haver uma tendência para nivelar o esforço e o desempenho por baixo.

A tabela abaixo mostra as diferenças nos diferentes sistemas de incentivos no que respeita à sua influência nas variáveis motivacionais:

	Quota	**Pag. à peça**	**Torneio**	**Valor fixo**
Utilidade	Aumenta	Aumenta	Aumenta	Não afeta
Controlo	Aumenta	Aumenta	Não aumenta	Não aumenta
Objetivos	Atribuídos	Autodefinidos	Ambos	Nenhuns

Uma outra questão que se tem procurado saber é se os incentivos em espécie produzem os mesmos resultados que os incentivos em dinheiro. De acordo com o trabalho referido atrás neste capítulo, os incentivos monetários produzem melhorias até 27% no desempenho, enquanto os incentivos em espécie não vão além de 13% de melhoria. Uma razão possível para isto é que o dinheiro tem um valor universal, ao invés do incentivo em espécie que pode ser valorizado mais por uns do que por outros.

Por exemplo, dar um vale de 300 € para um fim de semana num hotel não é o mesmo que dar 300 € em dinheiro. Com os 300 € em dinheiro a pessoa pode alocá-los ao que entender, e para quem precisa de outras coisas que não um fim de semana num hotel, o dinheiro terá muito mais utilidade.

Ainda mais um tema que tem preocupado os gestores, e que é o horizonte temporal dos sistemas de incentivos, ou seja, qual o horizonte temporal mais adequado para os programas de incentivo? Ainda de acordo com o mesmo trabalho, programas de curto prazo (uma semana ou menos) produzem até 20% de melhoria; programas até 6 meses, produzem até 30%; finalmente, programas com horizontes temporais superiores a 1 ano poderão produzir aumentos até aos 44%.

Claro está que os ganhos podem ser faseados. Por exemplo, nos programas de *stock options*, que algumas organizações utilizam, muitas vezes o direito ao exercício de venda das ações é plurianual, o que também contribui para a retenção dos colaboradores, uma vez que saindo da organização perdem o direito a poder vender as ações que só venceriam depois da saída.

CONDIÇÕES DE SUCESSO PARA A IMPLEMENTAÇÃO DE SISTEMAS DE INCENTIVOS

Para que um sistema de incentivos funcione, algumas condições têm de estar previamente estabelecidas:

- O objetivo tem de ser quantificado;
- O objetivo tem de ser atingível. Objetivos inatingíveis contrariam o próprio objetivo do sistema de incentivos;
- Todos os outros objetivos organizacionais devem continuar a ser mantidos e atingidos e/ou ultrapassados. Incentivar um objetivo concreto não pode condicionar o desempenho como um todo.

- Um sistema de incentivos só funciona se for para resolver um sistema motivacional. Se o problema for falta de competências ou conhecimentos, não é com incentivos ao desempenho que se resolvem os problemas, mas sim com formação e/ou *coaching*. Imagine que está a gerir um *call center* que atende clientes de várias nacionalidades. Ultimamente tem recebido muitas reclamações de clientes de língua inglesa. Resolve criar um programa de incentivos para melhorar a situação e põe-no em prática. Não resulta! Quando vai ver porquê, conclui que o nível de proficiência dos seus colaboradores em inglês é baixo e que a maior parte dos problemas vinha, exatamente, de mal-entendidos. Neste caso será um programa de formação em inglês a fazer mais pela melhoria do desempenho do que um programa de incentivos.

O MODELO PIBI *(PERFORMANCE IMPROVEMENT BY INCENTIVES)*

A International Society for Performance Improvement e a Incentive Research Foundation apresentam um modelo, muito interessante e útil, para sintetizar a implementação de um sistema de incentivos que nos parece muito útil e bem conseguido.

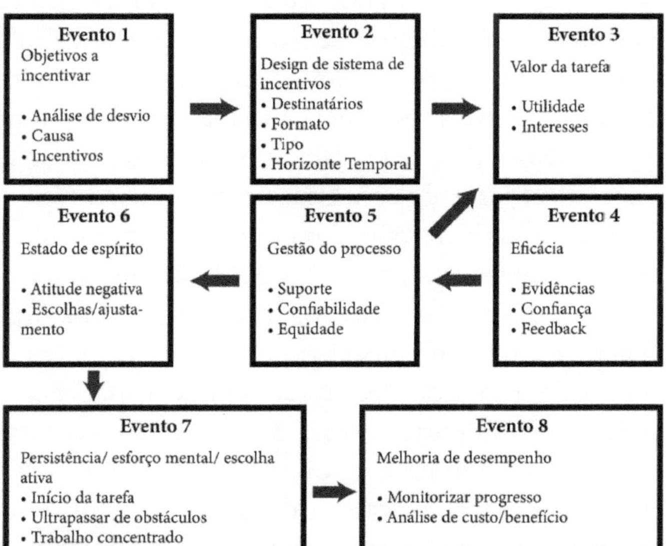

Evento 1 – Objetivos a incentivar

Quando se pretende montar um esquema de incentivos, a primeira coisa a fazer é perceber o *GAP* entre aquilo que estava programado acontecer na empresa e aquilo que está a acontecer realmente. Só faz sentido introduzir um sistema de incentivos se concluirmos que as pessoas sabem o que fazer, mas, por algum motivo, não o estão a fazer. Se o problema não for esse, então não será um programa de incentivos a resolver. Pode ser formação e/ou *coaching* a solução adequada. Ou ainda, os objetivos podem estar mal definidos e aí cabe à gestão reavaliar a situação.

Por vezes, quando os objetivos não são atingidos, sendo eles específicos e atingíveis, isso acontece por falta de motivação de quem tem o dever de o fazer. Se fazer mais dá trabalho e esse trabalho é mais desagradável do que fazer outras coisas da função, é natural que as pessoas dediquem mais tempo ao que gostam mais e menos ao que é esperado noutra área, sem que muitas vezes se sintam culpadas. Porque, no final do dia, até estão muito ocupadas. Pode acontecer ainda que algumas pessoas não considerem muito importante atingir esses objetivos se isso lhes tirar o foco de outras coisas que, para elas, são mais importantes. Em qualquer dos casos, não se sentem motivadas a fazer aquilo que a organização gostaria que fizessem. Também, por vezes, os comportamentos que devem ter para atingir esses objetivos pode levá-las para fora da sua zona de conforto. Como sabemos, se fizermos as coisas da maneira que sempre fizemos é pouco razoável que esperemos obter resultados diferentes do habitual. Assim, a resistência à mudança é um fenómeno que afeta muito a mudança de comportamento, e uma forma de se endereçar este assunto é exatamente com programas de incentivos.

É conhecida a grande aversão dos comerciais ao trabalho administrativo: registar todos os contactos no CRM ou preencher outro tipo de registos. Normalmente, eles sabem... mas não querem. Argumentam que estão a perder um tempo precioso, que deixam de poder dedicar ao cliente e outros tipos de desculpas muito conhecidas. Se, de facto, essa parte do trabalho for importante para a organização, um programa de incentivos bem desenhado pode resolver facilmente o problema.

Mas, antes de desenhar o sistema de incentivos, convém entender se os objetivos estão corretamente definidos. Um objetivo para estar corretamente definido tem de estar quantificado, ser específico e estar temporizado, ser SMART, como já explicado. Por exemplo, melhorar o atendimento consistentemente não é um objetivo bem definido. Se transformar isto em não ter mais de duas reclamações referentes ao atendimento, mensalmente, isto sim é um objetivo bem definido.

Também o grau de dificuldade do objetivo, ou pelo menos a perceção do grau de dificuldade de atingir o objetivo, pode influenciar muito a adesão motivacional ao mesmo. Se o objetivo for percebido como muito fácil, a motivação não será a maior; se for percecionado como muito difícil, também não. Haverá, para cada colaborador, um grau de desafio que maximiza a motivação de realização associada ao objetivo. Assim, a definição do grau de dificuldade deverá ter em consideração a média do desafio para o atingir, por parte da equipa. No passado, na minha atividade docente, costumava projetar um gráfico em forma de sino no qual no eixos das ordenadas estava representada a motivação e no eixos das abcissas estava o desafio percebido. Quando a curva infletia era esse ponto em que a pessoa começava a desmotivar por considerar o desafio grande demais. Depois assinalava esse ponto como ADMC. Era uma bricandeira para passar a ideia. Embora a generalidade dos alunos não perguntasse, havia sempre algum mais curioso que indagava o significado de ADMC. E a resposta era: Areia Demais para a Minha Camioneta.

Durante muito tempo defendeu-se a ideia de que os objetivos quando são definidos pelos próprios, geram mais compromisso do que quando são impostos. De facto, sim; objetivos autodefinidos criam uma grande adesão, à partida. No entanto, estudos posteriores, Locke e Latham (1990), fornecem evidência de que os colaboradores não têm, forçosamente, que participar na definição dos objetivos, para que se gere um forte compromisso com os mesmos. Casos existem em que pode não ser possível o processo participativo na definição dos objetivos. Assim, se para além de valorizarem o incentivo, os colaboradores entenderem que o objetivo é:

- Definido por alguém com legitimidade, de confiança, com uma visão inspiradora que reflita a razoabilidade e mesmo a necessidade de atingir o objetivo;

- Revelador de uma expectativa, realista, de desempenho extraordinário, que a organização tem relativamente às pessoas/grupos;
- Bem definido e as tarefas são devidamente assignadas às pessoas e/ou grupos;
- Uma consequência da confiança que a organização tem nas capacidades e competências dos colaboradores;
- Acompanhado de uma monotorização que forneça *feedback* sobre o progresso e reconhecimento pelo sucesso e, sempre que necessário, sugestões de melhoria em caso de erros.

A probabilidade de ser encarado com uma atitude positiva é muito grande.

Finalmente, é necessário definir um valor para o programa de incentivos, ou seja, quanto é que a organização está disposta a «pagar» para que o objetivo que quer incentivar seja atingido. Esse montante terá a ver com os ganhos que se espera vir a ter com o atingimento do objetivo pretendido e a definição de qual o *mix* de divisão dos ganhos entre a organização e os colaboradores envolvidos na sua realização.

Evento 2 – Design do sistema de incentivos

Como já referimos, a investigação demonstra que incentivos tangíveis, desde que devidamente escolhidos, adequadamente implementados e pagos no médio e longo prazo, num sistema de quotas, são o que melhor funciona.

Os sistemas de quotas, como vimos, pagam às pessoas por ultrapassarem os níveis atuais de atingimento do objetivo, ou um valor pré-definido, que pode ser ligeiramente superior ao nível atual de desempenho. Normalmente, estes sistemas premeiam de forma crescente o aumento do desempenho. Quanto melhor o desempenho, maior o prémio. Isto pode ser de uma forma proporcional ou exponencial. Só perante o caso concreto se poderá escolher o melhor sistema.

Caso não seja possível a escolha deste sistema, deve-se escolher o segundo mais eficaz: o pagamento à peça, em que o dinheiro é devido pelo número de unidades de algo que é produzido.

Finalmente, os outros dois sistemas, torneio e valor fixo, não são recomendáveis, pelos poucos resultados que a investigação lhes tem apontado.

No que respeita a que incentivos devem ser dados, uma vez mais e como foi referido atrás, dinheiro é preferível a pagamento em géneros. No entanto, pode dar-se o caso do pagamento em género ser mais eficiente fiscalmente para a organização e se possa criar um sistema de pontos que dê uma equivalência para um menu de «géneros» que tenha sido previamente aprovado pelos colaboradores, como bens ou serviços que lhes sejam tão úteis como dinheiro. Neste caso, a eficácia do incentivo pode não diminuir e dada a poupança fiscal (se existir de uma forma legal), o valor do incentivo poderá, até, ser majorado.

Considere uma organização que apresenta uma vasta lista de potenciais pagamentos em género, que cobrem um conjunto de gostos e necessidades e que cada pessoa pode escolher o que pretende, até um determinado valor. Inclusive, se o pretendido ultrapassar o valor, o colaborador possa pôr o valor em falta. Neste caso, desde que administrativamente exequível, pode funcionar.

Para além do incentivo tangível, e por forma a maximizar o efeito do programa de incentivos, as organizações podem fazer acompanhar este processo com ações de reconhecimento do desempenho individual ou grupal, que se materializem em alguma forma de elogio público (como empregado do mês, ser mencionado no jornal da empresa, uma cerimónia de reconhecimento público na qual se revelam os incentivos que cada um recebe, por exemplo). Para muitos, o reconhecimento público é muito importante; para alguns, é mesmo mais importante que o prémio em si.

Embora não exista investigação que permita fornecer a real importância e o impacto do reconhecimento como parte de um sistema de incentivos, existe alguma evidência de que a satisfação com o trabalho está correlacionada com o reconhecimento (Chung, 1972), e os sistemas de controlo da força de vendas (baseado em comportamentos observáveis e não em volume de vendas — número de visitas efetuadas ou telefonemas, por exemplo) requerem que o pessoal de vendas seja reconhecido (Cravens, Ingram, LaForge & Young, 1993). Assim, embora não se possa quantificar, exatamente, a importância dos incentivos ligados ao reconhecimento, é recomendado fazer acompanhar qualquer campanha de incentivos financeiros de programas de reconhecimento.

No que respeita à duração do programa, a investigação mostra-nos que programas de longo prazo tendem a produzir melhores efeitos. As razões parecem estar relacionadas com o facto de programas com duração superior a um ano permitirem mais tempo para ir «afinando» o sistema para garantirem mais justiça na atribuição do incentivo. Também, para aqueles colaboradores mais renitentes em aderirem ao programa, existirá mais tempo para se inspirarem nos resultados obtidos pelos colegas e irem aderindo ao programa. Aqui, ir divulgando os bons resultados torna-se crucial para maximizar estas adesões tardias. Finalmente, quando a duração do programa é longa o suficiente, a probabilidade do que se faz de início com esforço, passa a fazer parte da rotina normal, e assim o apresentar desempenhos excelentes torna-se mais fácil.

Para terminar a apresentação do segundo evento, falta referir a importância da participação dos colaboradores abrangidos, no desenho do sistema de incentivos. Vários estudos têm mostrado que envolver as pessoas no desenho de sistemas de incentivos e/ou mesmo sistemas de avaliação de desempenho, aumenta grandemente a sua aceitação dos mesmos. Quando são os próprios a sentir que colaboraram na definição de algo do qual vão fazer parte, a tolerância a eventos menos bem-sucedidos ou a percalços é muito maior. Afinal, é diferente a reação de ser vítima de um erro que fui eu que cometi do que ser vítima de um erro cometido por outros.

No entanto, a maioria da investigação que tem sido feita neste campo tem decorrido em países em que existe uma cultura de participação e um nível de maturidade (no sentido da teoria da liderança situacional[2]) dos colaboradores relativamente elevado. Em outras culturas, o conceito de participação não está tão enraizado e, nesse caso, poderá até ser contraproducente envolver os colaboradores no desenho do sistema, pode, inclusive, passar uma mensagem de desorientação da gestão, que necessita de pedir ajuda aos colaboradores, porque não sabe o que decidir. É um tema cultural. No entanto, e no contexto europeu atual em que escrevo estas linhas, recomendo o envolvimento dos colaboradores no desenho do sistema.

Evento 3 – Valor da tarefa

A maior parte das pessoas faz a sua própria análise de custo/benefício quando se trata de analisar alterações no dia a dia das suas tarefas. Para

---

[2] HERSEY e BLANCHARD, *Psicologia para Administradores de Empresas*, pág. 187.

que um plano de incentivos realmente funcione, ele tem que fazer as pessoas sentirem que vale a pena trabalhar mais e melhor.

Os investigadores Eccles and Wigfield (1995) demonstraram a existência de três tipos de mecanismos de controlo que os colaboradores utilizam para avaliar eventuais esforços adicionais derivados de um sistema de incentivos: valor utilitário, motivação intrínseca e valor de competência.

Comecemos pelo primeiro. Dinheiro e bens são vistos, praticamente em termos universais, como algo de desejável por todas as pessoas. Assim, se o valor do prémio for suficientemente atrativo, objetivos que de outra forma não teriam significado ou seriam mesmo encarados como «desagradáveis», tornam-se metas interessantes de atingir ou de ultrapassar. O dinheiro (ou prémio) deve ser suficiente, para contrariar a inércia que a ausência dele parece provocar. Assim, torna-se necessário compreender bem qual o nível de recompensa que fará mover as pessoas. Caso isso não seja tido em consideração, corre-se o sério risco de o programa não funcionar.

Para que um sistema de incentivos funcione, a recompensa tem de ser proporcionalmente significativa ao rendimento das pessoas abrangidas pelo programa. Oferecer um incentivo de 100 euros a pessoas que ganham 3000, pode não surtir o efeito de mudança de comportamento desejado. Afinal, para muitos deles, os 100 €/mês não fará assim tanta diferença.

Motivação intrínseca, na prática, refere-se ao prazer da tarefa. Uma tarefa que produza motivação intrínseca a quem a realiza, quase não necessita de outro incentivo para que se realize. Nestes casos, quando a tarefa a incentivar é por si só suscetível de incentivar quem a desempenha, importa incentivar a intensidade com que se desempenha. Claro está que quando gostamos de fazer algo, normalmente gostamos de o fazer com conta, peso e medida. Pode haver um grau de intensidade que diminua a motivação intrínseca no desempenho de determinada tarefa. E é exatamente esse esforço-extra que se torna necessário incentivar, tendo consciência de que a motivação intrínseca irá diminuir. Como vimos atrás, no início deste capítulo, alguns estudos demonstram que incentivar uma tarefa retira-lhe motivação intrínseca. Seja como for, é sempre mais fácil incentivar uma tarefa que, por si só, possua motivação intrínseca (mesmo que essa motivação intrínseca diminua um pouco) do que incentivar algo que não dá prazer nenhum fazer.

Convém aqui voltar a referir Daniel Pink, que tem sido um pouco cético no que respeita ao tema dos incentivos, visto como teorias da «cenoura e do chicote». Segundo Pink, o segredo para incentivar as pessoas a fazerem mais de algo, não passa por incentivos financeiros, mas sim por aumentar a motivação intrínseca na tarefa. Como em quase tudo na vida, a junção inteligente de vários pontos de vista, aproveitando de uma forma eficiente o que cada um nós pode dar, normalmente revela-se uma experiência bem-sucedida.

Aproveitando a primeira ideia de Daniel Pink, qualquer sistema de incentivos deve proporcionar a possibilidade de escolha a cada um do nível de atingimento (e da forma de o fazer) do objetivo que está a ser incentivado. Mais uma vez, e fazendo recurso às ideias expressas na teoria da liderança situacional, atrás referida, a **autonomia** é o desejo de pessoas com níveis de maturidade elevados. Isso não significa que não se possa, ou deva, incentivar desempenhos de pessoas autónomas que desejem desempenhar determinadas tarefas acima da média. Neste ponto particular não cremos que exista conflito entre incentivos e desejo de autonomia.

Relativamente ao **domínio**, está em linha com o que os autores anteriormente citados designam de valor de competência. Isto tem a ver com o quão significativo a pessoa percebe ser a tarefa para si própria. Segundo os autores, as pessoas tendem a valorizar mais o desempenho de uma tarefa quando a sua realização faz apelo à utilização das suas competências mais fortes, ou seja, aquilo que as torna mais especiais para a organização. Assim, convém, quando se desenham programas de incentivos, que se incentivem tarefas para que a generalidade dos abrangidos pelo programa faça uso das suas competências distintivas, ou se «treine» as pessoas em certas competências, as que os façam sentirem-se fortes nas competências necessárias para a obtenção de sucesso no programa em curso. Trazer sentido para os comportamentos que a organização necessita de cada um, a cada momento.

Incentivar um ponta-de-lança a marcar mais golos faz mais sentido do que incentivar um defesa. Supostamente a competência forte de um ponta de lança é rematar à baliza. Assim, reagirá melhor ao incentivo para o fazer do que o defesa, que, inclusive, o pode desviar de fazer melhor aquilo que tem de fazer.

No que diz respeito ao **propósito**, isso sim, sai um pouco da linha orientadora da nossa exposição. No entanto, a atribuição de propósito à realização de algo é um resultado que normalmente é associado aos líderes inspiradores. Um líder inspirador ou carismático faz uma equipa transcender-se. Transforma o excelente em banal e o cansaço em orgulho. Falámos atrás na importância da existência de um líder inspirador aquando da fase da definição de objetivos do programa de incentivos. Assim, também aqui o pensamento de Pink tem lugar. Atribuir um propósito explicando claramente o porquê da importância do que se pretende atingir e qual a importância do papel de cada um atingir o objetivo no resultado global, pode aumentar, grandemente, o sucesso de um sistema de incentivos. Nunca Nelson Mandela, por exemplo, teria conseguido o que conseguiu sem um propósito muito firme e sem tê-lo conseguido passar aos seus apoiantes. Até mesmo conseguindo conquistar alguns dos seus adversários. Nunca se deve minimizar o poder do propósito.

Evento 4 – Eficácia

Uma vez percebido o valor utilitário de atingir um objetivo, considerando que ele serve um propósito, os colaboradores focarão a sua capacidade na prossecução do objetivo que está a ser incentivado. É nesta fase que as pessoas equacionam se possuem o conhecimento e as competências necessárias ao bom desempenho da tarefa. Quanto mais uma pessoa acreditar que consegue fazer aquilo que é esperado, maior a probabilidade de se esforçar para o fazer. Uma vez que os incentivos têm pouca influência, ou nenhuma, na avaliação da autoeficácia, é conveniente apoiar muito no início do programa de incentivos, por forma a que se crie a sensação de obtenção de pequenos ganhos para que a autoconfiança vá aumentando de modo a se criar um círculo virtuoso. Mais autoconfiança, melhores resultados, maior autoconfiança.

Por vezes, no desporto, quando uma equipa perde vários jogos seguidos, entra numa espiral de falta de confiança que a leva a jogar cada vez pior. Muitas vezes, até pode ter os melhores jogadores e até ter sido campeã, no passado recente. Nessas ocasiões, o papel do treinador e dos preparadores mentais é fundamental para reforçar a autoconfiança. Nas organizações, o uso de *coaching* e de psicólogos organizacionais pode ser fundamental para potenciar o resultado dos programas de incentivos.

Se estivermos a considerar o incentivo para grupos, e não para indivíduos, então devemos focar-nos na eficácia grupal. Incentivos grupais são adequados quando para a realização de determinada tarefa, com a conceção de um produto ou de uma campanha, não é possível medir a contribuição individual. Assim, incentivar o desempenho de um grupo pode ser o mais adequado. No entanto, há algumas coisas que deve saber sobre grupos e o seu funcionamento.

Indivíduos que normalmente apresentam fracos desempenhos preferem incentivos grupais, uma vez que isso lhes permite esconder a sua ineficácia, beneficiando do desempenho dos melhores. Pelo contrário, os melhores preferem o oposto. É fácil entender o porquê.

Muito importante na escolha da composição de um grupo é a sua diversidade, independentemente da qualidade percebida de cada elemento. Imagine que vai reparar uma casa (qualquer coisa lá dentro) e a sua caixa de ferramentas é muito escassa. Tem boas chaves de parafusos, mas faltam-lhe boas chaves de porcas. Se for com alguém com outra caixa de ferramentas, pode ser que complemente a sua e que o resultado final seja melhor, mesmo que tenha mais jeito para a reparação e acabe por fazê-la sozinho. Mas não a faria tão bem sem a outra caixa de ferramentas. Cada pessoa diferente que entra para um grupo, traz uma caixa de ferramentas diferente, que permitirá, ao grupo, resolver melhor o problema, mesmo que a solução venha da cabeça do mais inteligente. Sem a variedade de ferramentas a solução poderia não ser a melhor. Diversidade não é uma moda! É um imperativo de eficácia.

Finalmente, mais um alerta sobre a composição dos grupos. Não é conveniente um grupo ser composto por pessoas que se conhecem muito bem. Convém ter, pelo menos, um elemento menos conhecido, para evitar uma certa informalidade que é proporcionada quando as pessoas têm muita confiança umas com as outras. Quanto menos familiaridade, melhor.

Evento 5 – Perceção sobre a gestão do processo

Gestão do processo tem a ver com a crença de que a organização vai lidar com o programa de incentivos da melhor forma. Isto significa acreditar que a organização dará o suporte necessário ao atingimento do objetivo e que vai dar os prémios de uma forma justa e transparente.

Pessoas com autoeficácia elevada, que acreditam que conseguem atingir os objetivos, podem, por vezes, sentir-se desmotivadas por não acreditarem que os processos e estrutura existentes são suficientes para os apoiar na tarefa ou, então, que a forma de apurar os resultados é tão «secreta», que chegam a duvidar da justiça do processo.

A perceção sobre a gestão do processo é de tal forma importante que pode inutilizar o funcionamento do sistema de incentivos, pela desconfiança que pode existir na organização sobre a capacidade para o gerir. Supervisão, contabilidade de gestão, distribuição atempada dos prémios devidos, exatidão e justiça no *feedback* e monitorização, treino quando necessário, reengenharia de processo se requerida, são fatores fundamentais na garantia de funcionamento de um sistema de incentivos.

Três tipos de ações que podem ser adequadas para facilitar a gestão do processo são:

- Para pessoas que possuem a motivação, mas que lhes falta a capacidade para atingir o que lhes é solicitado – formação e *coaching*;
- Para pessoas pouco confiantes – sensibilizar os colegas e superiores hierárquicos acerca da necessidade frequente de *feedback* positivo;
- Para pessoas a quem lhes falta a motivação – ilustrar os resultados de sucesso que vêm sendo obtidos pelos colegas.

Em suma, confiança, transparência, apoio e justiça são fatores fundamentais para garantir a perceção de uma boa gestão do processo, o que faz com que se o processo estiver bem desenhado funcione como deve.

Evento 6 – Estado de espírito

O estado emocional de uma pessoa ou de um conjunto de pessoas que forma um grupo influencia, de forma dramática, o comprometimento com o trabalho. Emoções negativas «matam», facilmente, a motivação para o trabalho. Incentivos que as pessoas valorizem muito, acompanhados por um sentimento de que a organização fornecerá o suporte necessário e eficiente na gestão do processo, tem uma grande probabilidade de aumentar as emoções positivas e, logo, a motivação para as tarefas. Parece, também, claro, que pondo um sistema de incentivos a funcionar adequadamente e divulgando isso, pode fazer ultrapassar antigos ressentimentos com a organização relativamente a erros de gestão e/ou de justiça no passado. Adesão à necessidade de desempenhos acima da média é necessária antes que esses desempenhos ocorram. As emoções, positivas ou negativas, influenciam muito essa adesão. As emoções negativas incluem tristeza, medo, depressão, raiva, desdém. Estas emoções negativas dificultam a adesão e o comprometimento com programas de melhoria (Bower, 1995). Emoções positivas fomentam o comprometimento (Bower, 1995; Ford, 1992).

Nestas situações, o papel das chefias diretas é fundamental. Quando alguém tem ressentimentos com a organização, desde que a relação com a chefia direta seja boa e que essa mesma chefia se empenhe em se aproximar e motivar o colaborador, é provável que isso auxilie no processo de transformação de emoções negativas em emoções positivas. Por outro lado, a experiência demonstra-nos que, muitas vezes, as emoções negativas dos colaboradores têm mais a ver com a sua chefia direta do que com a organização. Daí que muitas organizações bem-sucedidas apostem muito em formação em liderança e em gestão de conflitos, para minimizar estas ocorrências.

Evento 7 – Escolha ativa, persistência, esforço mental

Uma vez selecionado, desenhado e implementado, um bom sistema de incentivos levará as pessoas a mudar o comportamento. Como vimos anteriormente, se se continuarem a fazer as coisas da mesma forma, não é de esperar que os resultados sejam diferentes. Existem três tipos de resultados que devem ser medidos, na sequência de um programa de incentivos:

Escolha ativa – as pessoas começaram a fazer, por vontade própria, algo que não faziam, antes de ser implementado o sistema de incentivos.

Persistência – as pessoas estão a fazer mais e melhor do que é desejado após o sistema de incentivos ter sido posto em prática do que o faziam antes.

Esforço mental – as pessoas estão mais concentradas em novas e melhores formas de trabalhar para atingir o objetivo incentivado, do que antes do programa de incentivos começar.

Evento 8 - Melhoria do desempenho

Neste ponto, temos de nos interrogar se a escolha ativa, a persistência e o esforço mental foram suficientes para fechar a diferença, inicialmente definida, entre o estado atual e o estado desejado. Se não foi, é necessário analisar o que correu mal. Foi no domínio do querer ou do saber? Foi falta de motivação ou falta de capacidade? Consoante a resposta, assim a ação. Nesta fase convém rever este modelo e perceber onde esteve a falha.

Se tudo correu bem, falta fazer o final: uma análise de custo-benefício real e compará-la com a potencial. Uma boa surpresa será quando o primeiro for superior ao segundo.

Em suma, podemos afirmar, com certeza, que um programa de incentivos, bem desenhado e bem implementado, pode fazer a diferença na vida das organizações e na vida das pessoas. O conceito-base é meritocracia, ou seja, premiar o mérito. Como atrás foi referido quando se falou em alguns princípios-base sobre a motivação, as pessoas só se esforçam porque querem; e só querem, se isso for mais gratificante e melhor para elas do que o contrário, ou seja, não se esforçarem. Ou, como Peter Drucker magnificamente dizia: as pessoas não se comportam como nós queremos; comportam-se como nós as incentivamos.

No próximo capítulo iremos ver como são as remunerações dos CEO e restantes membros das comissões executivas. Iremos, também, dar exemplos de como pode ser calculada a sua remuneração, com especial destaque para a componente variável.

CAPÍTULO 8
Compensação de administradores executivos

Nesto capítulo vai-se abordar o tema da remuneração dos gestores de topo. Como é determinada e quem a determina, como é avaliado e quais os efeitos, são alguns dos tópicos explorados. Ver-se-á, com algum detalhe, a questão das *stock options* e dos planos de pensão e, finalmente, apresenta-se uma sugestão de como criar, na prática, um sistema de avaliação.

Os pacotes de compensação de executivos são tipicamente compostos por várias componentes. Murphy (1998) enumera as seguintes:

Tabela 1. *Exemplos de Componentes dos Pacotes Salariais*

Compensação Fixa	Compensação Variável	*Fringe Benefits*
Salário-base	Bónus anual de desempenho *Stock Options* Incentivos de longo prazo (*restricted stock*, planos baseados em medidas contabilísticas de vários anos,...)	Seguro de vida Plano de pensões

Os dados aqui apresentados e as conclusões sobre este tema têm essencialmente como fonte uma investigação feita nos EUA. É de esperar que as conclusões não fossem muito diferentes se os estudos fossem conduzidos na Europa. Assim, parecem-nos válidas as conclusões aqui apresentadas, para a compreensão do fenómeno.

Entre 1992 e 1996, Murphy efetuou uma análise à composição do rendimento total dos CEO das empresas do índice S&P500 em quatro indústrias: *utilities*, serviços financeiros, extração e produção, e outras indústrias (incluindo retalho e serviços industriais). Este estudo revelou que o rendimento total dos executivos aumentou consideravelmente durante este período, uma consequência do aumento das *stock options*, que podem atingir um valor mais elevado do que o próprio salário-base. O estudo apontou também diferenças no que diz respeito aos vários sectores em análise: os CEO das *utilities* (gás e eletricidade, por exemplo) recebem consideravelmente menos compensação variável do que os CEO das restantes indústrias, em todos os anos estudados, enquanto os CEO que trabalham em serviços financeiros auferem uma compensação variável mais elevada, relativamente aos outros sectores. Não esquecer que estes anos foram anos de pré-crise no sector financeiro e na economia, em termos gerais.

Paralelamente, Murphy (1998) analisou a composição do rendimento total dos CEO durante este período, usando como critério a dimensão das empresas (excluindo *utilities* e serviços financeiros). Os dados demonstraram que o rendimento total dos CEO bem como as *stock options* aumentaram, independentemente da dimensão da empresa analisada. Para além disso, o estudo concluiu que o rendimento total dos CEO é mais elevado em empresas maiores, o que pode significar que estas têm a capacidade de contratar gestores com mais competências e, por isso, melhor remunerados (Rosen, 1982; Kostiuk, 1990).

Murphy (1998) fez uma análise internacional que comparou a composição do rendimento total dos CEO em 23 países com base nos dados do relatório Towers Perrin, *Worldwide Total Remuneration*, de 1997. Estes dados revelaram que os CEO baseados nos Estados Unidos da América são os melhor remunerados, sendo que o rendimento total destes executivos é mais do dobro da média do valor total nos restantes países analisados. Este estudo indica, ainda, que os CEO na América são pagos de modo diferente, recebendo um salário-base mais baixo e uma maior percentagem do rendimento sob a forma de *stock options*. Pelo contrário, em nove dos 23 países analisados, as *stock options* ou outros incentivos de longo prazo não fazem parte dos pacotes de compensação dos executivos.

COMPONENTES DOS PACOTES SALARIAIS DOS CEO

Salário-base

O salário-base é a componente fixa dos pacotes de compensação dos CEO e é, geralmente, calculado com base em análises comparativas no mercado e da indústria em que atuam.

Infelizmente, muitas vezes **esses estudos não entram em linha de conta com o nível de vida dos países onde são feitos e tendem a apresentar valores inflacionados para economias que são mais pequenas e com menores níveis de vida**. É importante referir que o mercado dos CEO não é global. Não existe muita mobilidade entre países, com umas poucas exceções. Daí que consideramos muito importante haver adaptações ao nível de vida de cada país, quando se apresentam ou interpretam esses estudos. Quando isto não é feito, assiste-se a uma inflação dos salários dos gestores de topo dos países com economias mais fracas.

Existem várias empresas que fornecem estes dados e são, normalmente, as comissões de remuneração que propõem aos acionistas o valor que consideram adequado. As comissões de remuneração são compostas por elementos externos à organização em questão, escolhidos pelos acionistas, e devem ser consideradas pessoas idóneas e conhecedoras da temática, não devendo ser influenciadas por qualquer conflito de interesses entre o bom desempenho do seu papel e quaisquer vantagens que possam obter no momento ou no futuro, por parte da gestão da empresa para a qual estão a trabalhar. Também é de evitar a escolha de elementos que tenham qualquer relação pessoal próxima ou de parentesco com quem esteja na gestão da empresa.

Executivos com maior aversão ao risco tendem a preferir aumentos no salário-base a bónus/compensação variável mais elevada. Por outro lado, a maioria dos componentes da compensação variável pode estar indexada ao salário-base. Por exemplo, o bónus-alvo pode ser 100% da remuneração-base, ou o valor das *stock options* ser, também, uma percentagem do salário-base. Assim, um incremento na remuneração-base tem repercussões nas restantes componentes do salário.

Bónus anual

Praticamente todas as empresas incluem no plano de compensações de executivos um bónus anual, baseado no desempenho do ano.

São três os conceitos relacionando com os bónus dos executivos:

- Medidas de *performance*
- *Standards* de *performance*
- Estrutura da relação compensação-*performance*

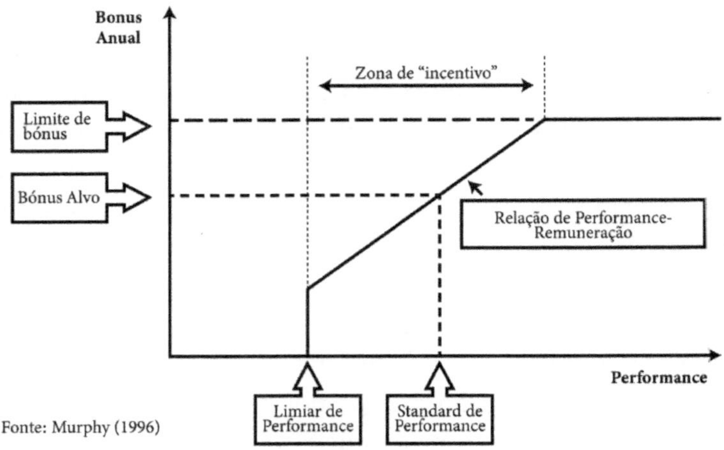

Fonte: Murphy (1996)

Figura 1. *Componentes de um Plano de Incentivos Anual*

Para se entender o sistema de remuneração convém clarificar o conceito de **Bónus-alvo**. Bónus-alvo é o montante que é pago quando são atingidos 100% dos objetivos que foram definidos pelo conselho de administração para o período em curso.

Como observado na figura acima, até determinado nível de *performance* (uma percentagem do *standard* de *performance*, ou seja, dos valores definidos pelo conselho de administração) ser atingido, não é atribuído bónus. Este nível é considerado o limiar de *performance* e representa uma percentagem dos *standards* de *performance*. Imagine, por exemplo, que no conjunto dos indicadores que compõem os *standards* de *performance* só foi atingido 80%. Nesta situação, a compensação será, unicamente, o salário-base, ou seja, não é paga nenhuma percentagem do bónus-base.

Se os resultados atingidos estiverem entre o limiar da *performance* e o *standard* de *performance* é atribuída uma percentagem do bónus alvo. Por exemplo, entre os 80% de atingimento e os 100%, pode-se fazer variar o valor do bónus-alvo entre nada e a totalidade do seu valor. Para concretizar, imagine que o bónus alvo são 500 unidades monetárias. O CEO só atingiu 80% dos valores pré-definidos. Recebe de bónus 0 unidades monetárias. Mas imagine que atingiu 90%. Aí, receberá 250 unidades monetárias.

Quando o *standard* de *performance* é atingido é atribuído o bónus alvo. Continuando com o exemplo anterior, receberia as 500 unidades monetárias. Ou seja, quando se atingem 100% do que foi definido para o período, a compensação global será o salário-base, mais a totalidade do bónus alvo.

Na generalidade dos casos, o valor do bónus total é limitado. O limite de bónus é calculado com base numa percentagem ou num múltiplo do valor-alvo. A área entre o limiar de *performance* e o limite de bónus é a zona de incentivo, isto é, a área em que melhorias no desempenho correspondem a incrementos no valor do bónus. No nosso exemplo, o bónus total poderia ser limitado a 600 unidades monetárias. Assim, esse valor poderia ser atingido se o CEO conseguisse ter um desempenho que levasse a organização a atingir 120% dos objetivos definidos. Por exemplo, receberia 550 unidades monetárias se atingisse 110% dos objetivos e 600 unidades monetárias se atingisse 120%, ou mais.

Medidas de *Performance*

De acordo com um estudo levado a cabo por Murphy (1998), que teve como base o plano anual de incentivos de 177 grandes empresas nos EUA, 91% das empresas analisadas usam, pelo menos, uma medida de *performance* relacionada com os **lucros contabilísticos** ao definir o plano de bónus anual (exemplo: lucros, resultado líquido, resultado antes de impostos, EBITA, ROA, entre outros).

Com base neste mesmo estudo, a medida não-financeira mais comum nos planos de incentivo foi a ***performance* individual.** Esta medida permite atribuir um certo carácter subjetivo ou discricionário ao cálculo do bónus e pode resultar de uma avaliação do conselho de administração ao desempenho do CEO na sua atuação. Outras medidas não-financeiras comummente utilizadas foram a satisfação de clientes e os objetivos estratégicos e/ou operacionais. Para além destas, é cada vez mais usual utilizarem-se inquéritos de satisfação aos colaboradores, como medida de avaliação.

Este estudo indica que nas instituições financeiras é menos provável a utilização de medidas de cariz não financeiro do que nas empresas industriais, enquanto as *utilities* são o sector que mais recorre a este tipo de medidas.

O **objetivo das medidas de *performance* é alinhar os objetivos da empresa com os dos executivos**, no entanto, a utilização de medidas contabilísticas para avaliar o desempenho pode distorcer os incentivos, nomeadamente:

- Os indicadores contabilísticos refletem o passado e são focados no curto prazo, logo, os executivos que se baseiam unicamente nestas medidas podem fazer escolhas de investimento que aumentam os lucros no curto-prazo às custas do rendimento no longo prazo (DECHOW e SLOAN, 1991);
- Os lucros contabilísticos podem ser artificialmente manipulados através de ajustamento ou diferimento de rendimentos entre períodos [HEALY (1985); GAVER, GAVER e AUSTIN (1995); e HOLTHAUSEN, LARCKER e SLOAN (1995)].

Standards de *Performance*

Da análise de Murphy (1998) a 177 grandes empresas americanas concluiu-se que os *standards* de *performance* são calculados para cada medida de *performance* com base em fatores tão diversos como:

- Orçamento anual da empresa;
- Crescimento anual de determinados KPI (*Key Performance Indicators*) [exemplo: vendas, EPS (*Earnings Per Share*), resultados operacionais,...];
- Objetivos determinados subjetivamente pela administração;
- Comparação com outras empresas do sector;
- Objetivos fixos [exemplo: 10% ROA (*Return On Assets*)];

Murphy (1998) alerta para o facto de os *standards* de *performance* poderem desvirtuar os incentivos, nomeadamente:

- *Standards* de *performance* baseados no orçamento anual da empresa podem criar incentivos para evitar ações no ano corrente, que possam ter um efeito indesejado no orçamento do próximo ano;
- *Standards* de *performance* baseados no desempenho de anos anteriores sugerem que um bom desempenho no período corrente

pode vir a ser penalizado no próximo ano, uma vez que o *standard* de *performance* aumenta, o que pode representar um incentivo para um desempenho aquém do possível.

ESTRUTURA DA RELAÇÃO COMPENSAÇÃO-*PERFORMANCE*

Este estudo de Murphy (1998) permite, ainda, concluir que, com exceção das instituições financeiras, o método mais comum no pagamento do bónus é o plano 80/120 (rácio exemplificativo), implementado em 38% das empresas estudadas. Este plano consiste em não atribuir bónus até que o desempenho exceda 80% da *performance standard*. Para além disso, o bónus tem um limite, não sendo atribuído quando o desempenho ultrapassar 120% do *standard* de *performance*, como no exemplo anteriormente apresentado.

O outro plano mais comum, usado por 31% das empresas da amostra, é denominado *Modified Sum of Targets*. Neste plano, cada participante (os vários membros da comissão executiva) tem um bónus-alvo e a soma dos alvos individuais define uma *pool* de bónus-alvo. No fim do ano, a *pool* real é determinada consoante a *performance* excedeu ou não os *standards* de *performance*. A *pool* é então dividida entre os participantes consoante os bónus-alvo individuais.

Outros métodos menos comuns são planos baseados em fórmulas e planos discricionários definidos pela administração.

Também aqui podem surgir distorções aos incentivos, uma vez que os bónus são baseados na *performance* anual acumulada e os executivos podem rever o seu esforço e as decisões de investimento para maximizar o bónus. Por exemplo, caso num determinado ano a *performance* tenha ultrapassado o desempenho exigido para atingir o limite de bónus, os executivos podem diminuir esforços e «inventariar» ganhos, para usar no período seguinte. De igual modo, se num determinado ano a *performance* ficar abaixo da zona de incentivo (o bónus não é atribuído), os executivos terão um incentivo para manipular rendimentos, de modo a receberem bónus nesse período (Healy, 1985).

Stock Options (Opções)

As *stock options* são contratos que dão, ao destinatário do mesmo, o direito de comprar ações da empresa por um preço de exercício pré-determinado, num período estabelecido. As *stock options* tornam-se exercíveis ao longo do tempo, não são transacionáveis no mercado e perdem-se caso o executivo saia da empresa antes de poderem ser exercidas.

As *stock options* são uma ligação direta entre a remuneração de executivos e a valorização das ações, uma vez que o rendimento proveniente do exercício das opções aumenta com o incremento do valor das ações. No entanto, os incentivos das *stock options* não são os mesmos dos incentivos das ações. Murphy (1998) apresenta três justificações para este facto:

- As *stock options* não contemplam o retorno total dos acionistas, refletindo apenas a apreciação da ação, enquanto o retorno total inclui dividendos. Quando se distribuem dividendos as ações tendencialmente diminuem de valor: os executivos que detêm opções têm incentivos para evitar dividendos e favorecer a recompra de ações;
- O valor das *stock options* aumenta com a volatilidade das ações: executivos com *stock options* têm incentivo a fazer investimentos de risco mais elevado;
- As *stock options* perdem valor quando o preço das ações desce abaixo do preço de exercício, o que diminui o incentivo dos executivos para exercer as opções.

Valorização das *Stock Options*

A valorização das *stock options,* aquando da sua atribuição, implica a distinção entre:

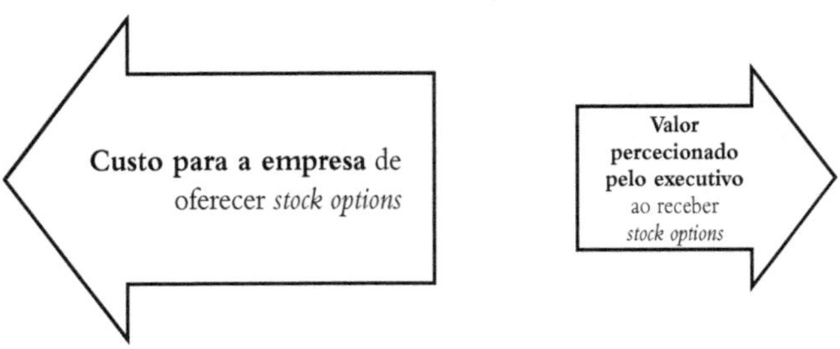

O custo das *stock options* para os acionistas é, geralmente, superior ao valor percecionado pelo executivo, ou seja, podem valorizar mais receber dinheiro do que o equivalente em ações. Logo, as opções deverão ser atribuídas apenas se o «efeito de incentivo» (aumento no desempenho que resulta dos incentivos das *stock options*) for superior à diferença entre o custo para a empresa e a perceção de valor para o executivo. O custo de oportunidade das *stock options* para a empresa é o valor que um investidor externo pagaria por estas.

De acordo com Murphy (1998), de modo geral os executivos valorizam menos as *stock options* do que os investidores externos valorizam essas mesmas ações. Este facto é justificado pelas seguintes razões:

INVESTIDORES EXTERNOS	EXECUTIVOS
Podem trocar ou vender as *ações*	Não podem transacionar as *stock options*
Podem fazer *short selling* para minimizar o risco	Não podem fazer *short selling*
Detêm um portfólio diversificado	Detêm um portfólio com um investimento desproporcional na sua própria empresa

De modo contrário, Yermack (1997) defende que, uma vez que os executivos têm acesso a informação privilegiada da empresa e podem exercer as *stock options* de acordo com estes *insights*, valorizam mais as opções do que investidores externos.

QUAL O VALOR DAS *STOCK OPTIONS* PARA O EXECUTIVO?

Segundo Murphy (1998), o valor das *stock options* para o executivo depende da sua aversão ao risco, da riqueza, da fração dos rendimentos investida em ações da empresa, e da probabilidade de permanecer na empresa até as opções serem exercíveis.

O mesmo autor estimou este valor calculando o montante, em bónus, do qual um executivo desistiria (do prémio) para receber uma opção, e concluiu que quanto maior o risco associado às *stock options*, mais elevado será o prémio exigido para aceitar opções em vez do equivalente em numerário. Para além disso, concluiu que quanto mais baixa for a probabilidade de exercício das *stock options*, maior será o prémio associado.

Assim, as *stock options* são um tipo de compensação caro para as empresas, uma vez que os executivos com aversão ao risco exigem prémios maiores para aceitar opções em vez do equivalente em numerário, ou seja, bónus.

As *stock options* permitem criar uma relação entre a compensação de executivos e o desempenho das ações, no entanto, a popularização da sua utilização está também associada ao facto de terem inúmeras **vantagens fiscais e contabilísticas**, nomeadamente:

- As *stock options* permitem diferir rendimentos sujeitos a impostos, uma vez que o seu valor só se torna tributável quando são exercidas. Assim, o executivo pode escolher quando terá este rendimento;
- As *stock options* são invisíveis nas declarações contabilísticas das empresas.

Ainda de acordo com o mesmo autor, a utilização de ***stock options* nos planos de compensação de executivos tem aumentado ao longo do tempo**, tendo-se verificado uma explosão nos anos 80 e 90. Os excessos dos anos 80 e as controvérsias dos rendimentos elevados dos CEO no início dos anos 90, motivaram um ataque populista nos EUA para reduzir as compensações dos executivos e melhorar a relação entre compensação e desempenho. Ao permitir o alinhamento destes dois fatores, as *stock options* foram largamente incluídas nos planos de compensação de executivos durante este período. Por outro lado, a própria aceitação das *stock options* por parte dos executivos melhorou, depois de quase duas décadas de mercados em alta que inflacionaram os ganhos.

OUTROS TIPOS DE COMPENSAÇÃO

- ***Restricted stock***: estas ações são perdidas sob certas condições (normalmente relacionadas com o período de permanência do executivo na empresa) e permitem a atribuição de benefícios no tratamento fiscal e contabilístico.

- **Planos de Incentivos de Longo Prazo:** tipicamente baseados na *performance* acumulada ao longo de três a cinco anos.
- **Planos de Reforma:** planos de reforma suplementares.

A controvérsia no pagamento dos CEO vem da perceção (muitas vezes errada) de que os próprios são responsáveis pela definição do seu nível de compensação. Pelo contrário, a maioria das grandes empresas nos Estados Unidos e na Europa tem uma **comissão de remunerações,** da qual fazem parte um ou mais elementos que não estão, nem nunca estiveram, ligados à organização. Segundo Newman e Mozes (1997), o rendimento dos CEO é mais elevado e a relação compensação-*performance* mais baixa quando pelo menos um dos elementos dessa comissão tem algum tipo de ligação à organização.

A comissão de remunerações não tem como missão a definição de novos níveis de rendimento ou programas de benefícios (responsabilidade dos Recursos Humanos), mas sim definir e garantir a aplicação da estratégia de compensação e benefícios da empresa, bem como monitorizar o processo e impedir violações dos interesses dos acionistas. A comissão reúne-se seis a oito vezes por ano e o CEO, normalmente, participa em todas as deliberações, com exceção daquelas relacionadas com o seu nível de compensação.

CONFLITO DE AGÊNCIA

O conflito de agência ocorre quando o acionista, **principal**, delega poder ao **agente** (CEO) para a prestação de um serviço. O CEO deverá agir em conformidade com os interesses dos acionistas, no entanto, poderão surgir divergências:

- Os CEO com menor aversão ao risco podem adotar estratégias mais arriscadas, enquanto os acionistas tendem a preferir estratégias que garantam um retorno mais seguro;
- A informação é assimétrica: o CEO tem acesso a informação confidencial da empresa e mais conhecimentos para a gerir.

O plano de incentivos deve minimizar estas divergências, alinhando os interesses do acionista e do CEO e garantindo que as estratégias adotadas pelo CEO vão ao encontro aos interesses dos acionistas. De modo a garantir que as estratégias estão alinhadas, a atividade do CEO é monitorizada pelo acionista (por exemplo, através de auditorias), o que representa um custo. Os custos com planos de incentivos e monitorização das ações do CEO, bem como todas as ações tomadas pelo CEO que não estão de acordo com os interesses do acionista, representam o **custo de agência**.

Deste modo, o plano de compensação do CEO deve ser desenhado de modo a garantir que as ações desejadas pelos acionistas são tomadas. Holmstrom (1979) sugere que a compensação deverá ser baseada em medidas ligadas a ações, não porque os acionistas pretendem inflacionar o seu valor, mas porque estas medidas fornecem informação útil para perceber as estratégias tomadas pelo CEO.

Assim, os planos de incentivos são utilizados para minimizar o conflito de agência, alinhando os interesses dos acionistas e do CEO, nomeadamente através de benefícios diretamente relacionados com indicadores contabilísticos da empresa, de modo a fornecer informação relevante para avaliar se o CEO tomou as ações desejadas.

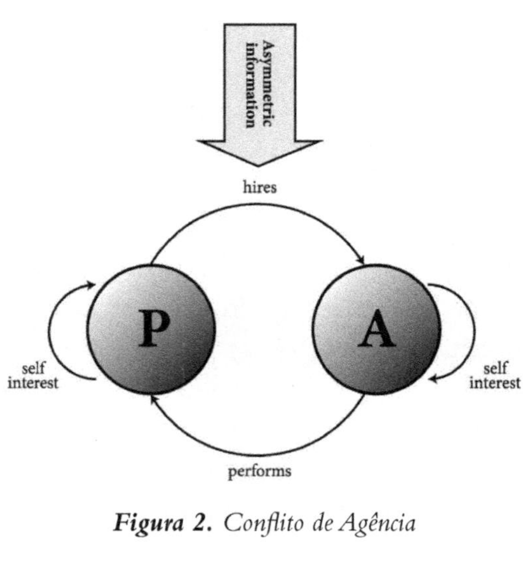

Figura 2. *Conflito de Agência*

QUÃO EFICAZ É A COMPENSAÇÃO NO ALINHAMENTO DOS INTERESSES DOS ACIONISTAS E DOS CEO?

Murphy (1998) mede a eficácia da compensação no alinhamento dos interesses entre os acionistas e os CEO através da correlação entre a compensação e a *performance* (ao variar a compensação do CEO, qual o impacto na *performance* da empresa? — sendo que a *performance* da empresa é medida através do valor das ações).

A riqueza do CEO está explicitamente ligada ao objetivo dos acionistas (criar riqueza para os acionistas) através de: *stock options*, ações e *restricted stock*. Para além disso, a riqueza do CEO está implicitamente ligada ao desempenho das ações através de bónus baseados em medidas financeiras (refletem a correlação entre retornos financeiros e *performance* das ações), ajustamentos salariais anuais, bónus e a oferta de *stock options/restricted stock*. Segundo Jensen e Murphy (1990b), Murphy (1993) e Hall e Liebman (1997), a correlação entre compensação do CEO e *performance* da empresa é atribuída à parte explícita do contrato e não à implícita, ou seja, o incentivo é o que pode vir a ganhar a mais, em dinheiro ou em número de ações, e não a valorização das ações.

A **correlação compensação-*performance* representa a criação de valor do CEO**. Quando a riqueza do CEO aumenta $ 1, o valor das ações do CEO aumenta no valor da participação parcial do CEO nas ações da empresa.

Numa análise realizada por Murphy (1998) às empresas pertencentes ao S&P500 em 1970, 1980 e de 1990 a 1996, foi demonstrado que a **correlação compensação-*performance* mais do que triplicou** nos três sectores analisados (indústria, serviços financeiros e *utilities*), de 0,004 para 0,014. Isto representa uma variação de $ 0,4 cêntimos na compensação do CEO por cada variação de 1,000USD na riqueza dos acionistas, para $ 1,4 cêntimos por cada variação de 1,000USD.

Para esta amostra, ao focar-se no período entre 1992 e 1996, Murphy (1998) concluiu que a **correlação compensação-*performance* é sobretudo motivada por *stock options* e ações**, sendo que outras formas de compensação, como o salário-base e os planos de incentivos de longo prazo, são pouco relevantes. A correlação aumentou entre 1992 e 1996, sendo este aumento potenciado quase exclusivamente por *stock options*. Para além disso, Murphy (1998) demonstrou que a correlação compensação-*performance* varia entre os sectores analisados, sendo particularmente baixa nas empresas de *utilities*.

Paralelamente, o mesmo autor categorizou as empresas do S&P500 por dimensão, com o objetivo de analisar o efeito na correlação entre compensação e *performance*. Com exceção das *utilities* e dos serviços financeiros, as empresas foram divididas em quatro categorias: S&P500 *Industrials* com vendas acima da mediana, S&P500 *Industrials* com vendas abaixo da mediana, S&P400 *Mid-Cap* e S&P600 *Small-Cap*. A conclusão desta análise foi que a correlação é menor em empresas de maior dimensão.

Recorrendo à amostra SP&500, Murphy (1998) analisou o efeito da detenção de ações para o CEO (ignorando *stock options*) entre 1987 e 1996, e concluiu que o **valor das ações aumentou substancialmente na última década em estudo, enquanto a percentagem de ações diminuiu**. Este resultado é uma consequência de duas décadas de mercados em alta. Os resultados mais contrastantes são nas empresas de serviços financeiros, em que a mediana da percentagem de participação subiu de 0,07% para 0,12% entre 1987 e 1989, caindo ligeiramente a partir de 1989. Por outro lado, o valor mediano da participação aumentou exponencialmente: de $ 1,3 milhões para mais de $ 11 milhões de 1987 a 1996.

Estes resultados podem fazer-nos questionar se os incentivos de deter uma participação na empresa aumentaram durante este período, no entanto, a única medida relevante como incentivo para o CEO, de acordo com o conflito de agência, é a percentagem da participação na empresa (ou seja, a correlação entre compensação e *performance*) e não o valor desta participação. Murphy (1998) exemplifica recorrendo ao caso de um CEO que pretende obter *fringe benefits* com uma valorização pessoal de $ 1 milhão e que representam um custo de $ 100 milhões para a empresa. A decisão do CEO depende da sua percentagem de participação no capital e não da participação em valor, isto é, se a sua participação for inferior a 1% da empresa irá manter a sua posição, caso seja superior a 1% agirá de modo contrário.

Relativamente à relação entre compensação de executivos, *performance* da empresa e *performance* do mercado/indústria, Gibbons e Murphy (1990) concluíram que as alterações no rendimento do CEO estão positivamente relacionadas com a *performance* da empresa, mas negativamente relacionadas com a *performance* do mercado/indústria, isto é, os CEO recebem mais quando o mercado está em baixa.

Também o impacto da avaliação de desempenho contextual, ou seja, tendo em consideração o contexto do sector e do mercado no bónus anual foi analisado por Murphy (1998), com base na amostra de 177 empresas do relatório Towers Perrin. Murphy (1998) concluiu que a avaliação de desempenho contextual é mais utilizada em empresas de serviços financeiros (57%) e *utilities* (42%) do que em empresas industriais (21%). Este resultado sugere que poucas empresas industriais relacionam explicitamente compensação a *performance* contextual.

OS INCENTIVOS IMPORTAM?

A pressão para aumentar a relação entre compensação do CEO e desempenho do valor das ações da empresa resulta do facto de se acreditar que estas políticas aumentam os incentivos à gestão e, consequentemente, a *performance* da empresa. No entanto, apesar de haver muita evidência das consequências nefastas de maus programas de incentivos, há pouca evidência de que uma relação compensação-desempenho mais elevada se traduza num aumento do valor das ações.

O melhor teste para analisar o efeito do plano de incentivos é observar a reação do valor das ações ao anúncio de planos de incentivo baseados em *stock options* ou do aumento da participação dos executivos no capital, uma vez que estes fatores são incorporados nos preços das ações.

Outro modo para medir a relação entre a participação da gestão no capital da empresa e o desempenho da empresa é através do **rácio Q de Tobin**, o quociente entre o valor de mercado da empresa e o custo de substituição dos ativos. Morck, Shleifer e Vishny (1988) estudaram este rácio e concluíram que a *performance* aumenta quando os executivos detêm 0% a 5% das ações ou mais de 25% (Morck, Shleifer e Vishny, 1988). No entanto, Himmelberg, Hubbard e Palia (1998) encontraram pouca evidência de que a participação no capital afete a *performance*.

De um modo geral, Murphy (1998) sugere que há evidência para afirmar que incentivos baseados em *stock options* são *drivers* importantes para as desempenho dos executivos e o desempenho empresarial. Contudo, há pouca evidência direta de quais os retornos que uma empresa pode esperar por introduzir um plano de compensação agressivo baseado em *performance*.

ROTAÇÃO DE CEO

Relativamente à relação entre a rotatividade de executivos e o desempenho da empresa, a literatura expõe as seguintes conclusões:

- Há uma relação inversa entre desempenho da margem de negócio e rotatividade dos cargos de gestão (Coughlan e Schmidt, 1985; Warner, Watts e Wruck, 1988), ou seja, quanto maior a margem, menor a rotatividade;
- Empresas que atuam abaixo da média da sua indústria têm mais probabilidade de substituir um CEO, contratando fora da empresa do que promovendo internamente (Parrino, 1997);
- Os CEO no quartil mais baixo de desempenho tendem a sair mais das empresas do que os que se encontram no quartil de topo (Mikkelson e Partch, 1997).

A relação negativa entre o desempenho do valor das ações e a posterior rotatividade dos quadros de gestão tem sido apontada como uma evidência de que os CEO com um fraco desempenho são dispensados. No entanto, a literatura demonstra que o desempenho abaixo das expectativas é poucas vezes usado como o motivo por detrás da saída do CEO da empresa.

Murphy (1998) analisou as taxas de saída dos CEO das empresas S&P500 entre 1970 e 1994 e concluiu que a rotatividade dos executivos com um desempenho mais baixo é maior do que a dos executivos com um bom desempenho. A taxa de saída dos CEO com uma *performance* mais baixa varia de 22,5% em 1971 para 7,7% em 1976 (média de 15,0%), enquanto para os CEO com boa *performance* varia de 15,6% em 1960 para 8,0% em 1986 (média de 10,8%). Isto significa que a probabilidade de saída de um CEO é maior depois de um ano de mau desempenho.

Murphy (1998) analisou também a relação entre a idade de saída e o desempenho da empresa, analisando os dados desta amostra entre 1970 e 1996, e concluiu que os CEO em empresas com pior desempenho tendem a deixar a empresa mais jovens; 34% dos CEO com pior desempenho deixaram as empresas antes dos 60 anos comparados com 24% dos executivos em empresas com boa *performance*.

Murphy (1998) recorreu a esta amostra bem como às empresas do S&P *Industrials* entre 1992–1995 para estudar a relação entre rotatividade e *performance*, de acordo com a dimensão da empresa. A probabilidade de um CEO com mais de 64 anos e um desempenho médio sair é de 42,2% numa empresa do S&P500; 27,5% numa pequena empresa do S&P500; 17,4% numa empresa *Mid-cap*; e 15,3% numa empresas *Small-cap*. Isto é, em empresas maiores, a rotatividade dos CEO parece ser motivada pela idade dos executivos (e não pela *performance*); contudo, em empresas de menor dimensão, a rotatividade é motivada pela *performance* em vez da idade.

Em relação ao rácio entre o rendimento médio do CEO e o rendimento médio dos trabalhadores da produção, Murphy (1998) concluiu que, em 1970, os CEO auferiam um rendimento aproximadamente 30 vezes superior a um trabalhador da produção. Em 1996, o rendimento dos CEO era cerca de 90 vezes mais elevado do que a média de rendimentos destes trabalhadores e, se incluirmos rendimentos provenientes de *stock options*, esta diferença ascendia a 210 vezes.

A SITUAÇÃO EM PORTUGAL

Nascimento (2009) [4] e Carvalho (2016) [5] não encontraram uma evidência sistemática de uma relação entre a remuneração auferida por administradores executivos (incluindo e excluindo eventuais interesses acionistas) e o desempenho das empresas não-financeiras cotadas na *Euronext Lisbon*. Os autores constaram relações sistemáticas e mais acentuadas entre a remuneração e a dimensão das empresas, revelando que os administradores das empresas nacionais podem ser tentados a aumentar a dimensão das empresas (estratégias de *empire-building*) com o intuito de aumentar as suas próprias remunerações, sem criar necessariamente valor económico. Se considerarmos a evolução da remuneração-base dos administradores executivos utilizados no estudo de Carvalho (2016) [5] verifica-se que, desde 2002, a remuneração dos gestores tem crescido muito acima da evolução da produtividade e da remuneração dos trabalhadores nacionais.

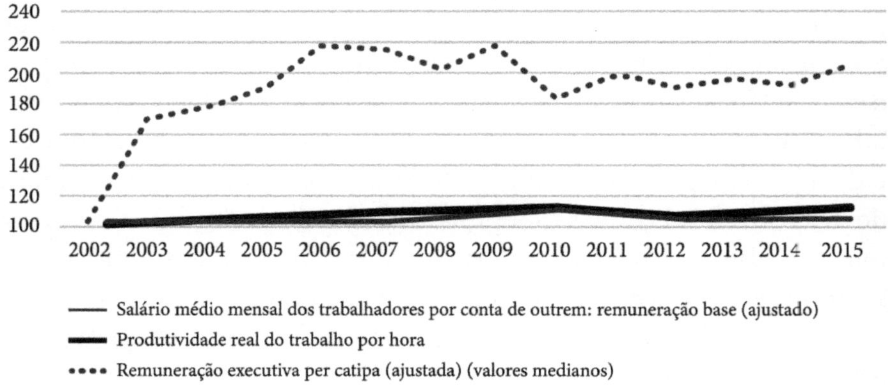

Em 2018, os diretores executivos (CEO) das empresas cotadas do PSI-20 ganharam, em média, 52 vezes mais do que os seus trabalhadores. Em média, ganham cerca de um milhão de euros de acordo com a informação disponível nos diversos relatórios e contas. Estes valores são brutos e incluem, além dos salários, prémios de desempenho e contribuições para planos de pensões.

COMO MONTAR UM SISTEMA DE AVALIAÇÃO PARA OS CEO

Para calcular o valor do bónus e outras compensações a atribuir aos administradores executivos, a administração deve, como vimos, definir KPI e objetivos para os mesmos. Vamos dar um exemplo, unicamente para tornar claro o processo e não como um exemplo a seguir para as organizações. Isto porque a escolha dos KPI obedece à natureza do negócio e ao que os acionistas pretendem incentivar. Assim, não há nenhuma escolha que se possa revelar adequada de uma forma universal.

Considere os seguites KPI:

- Vendas
- Resultados operacionais
- Valor da ação
- Clima social

Para cada um destes indicadores, é definido um valor que é considerado o *standard* de *performance*. Imaginemos que para vendas era 1 000 000 de unidades monetárias, para resultados operacionais 300 000, para valor da ação 5 e para clima social um valor de 80. Imaginando que o CEO consegue atingir todos estes objetivos, o seu *target* bónus era de 5000 unidade monetárias.

Também devemos considerar o pressuposto de que o bónus só é devido se a *performance* global ficar acima dos 80%. Também se deve considerar que o valor máximo do bónus será atingido com um desempenho de 120%.

Importa agora definir qual o valor mínimo e máximo que o bónus pode ter. Vamos imaginar que, neste exemplo, varia entre 3000 unidades monetárias e 7000 unidade monetárias. Ou seja, o CEO recebe um bónus que pode variar entre 3000 e 7000, para um cumprimento dos objetivos que seja superior a 80%. Se fizermos uma proporção, caso o resultado do seu desempenho for 90% do objetivo, receberá 4000 unidades monetárias de bónus e se for 110%, 6000 unidades monetárias de bónus. Se ficar em qualquer valor intermédio, far-se-á uma proporção.

Uma outra questão que se põe é qual o peso relativo de cada KPI para o cálculo do valor final. Se tiverem todos o mesmo valor, far-se-á uma média simples dos mesmos. Imagine que os resultados foram 100% em vendas, 80% em resultados operacionais, 90% no valor da ação e 110% no clima social. Fazendo a média simples dará 100% de cumprimento e recebimento do *target*-bónus. Mas imagine, agora, que os objetivos têm a seguinte ponderação:

- Vendas -2
- Resultados operacionais -2
- Valor da ação -1
- Clima social -1

Aqui estava-se a dar o dobro da importância às vendas e aos resultados operacionais, quando comparados com os outros dois indicadores. Se o cumprimento fosse o anterior, a percentagem de atingimento do objetivo seria a média ponderada, ou seja, 93,33% de atingimento. O valor de bónus a receber seria 4330 unidades monetárias, se o método de cálculo do bónus for proporcional no intervalo entre os 80% e os 120% de atingimento.

E quando as comissões executivas são compostas por vários administradores executivos, como é a maioria dos casos? Nessa situação, uma de duas coisas pode acontecer: a primeira é todos serem avaliados pelo cumprimento dos mesmos KPI. Aí, a diferença reside nos diferentes montantes que pode ter o *target*-bónus. Será superior para o CEO e inferior para os outros, que pode ser igual para esses ou diferentes entre si. No entanto, neste caso, o grau de cumprimento será igual para todos. Uma segunda solução é haver KPI diferentes para cada executivo e a sua avaliação ser feita de uma forma individual.

PLANOS DE PENSÕES E FUNDOS DE PENSÕES

O que são os planos de pensões?

Um plano de pensões, na legislação portuguesa, representa o conjunto de regras que definem as condições em que se constitui o direito ao recebimento de uma pensão a título de pré-reforma, reforma antecipada, reforma por velhice, reforma por invalidez, ou ainda em caso de sobrevivência.

Exemplos disso são os planos de pensões promovidos por empresas para os seus colaboradores, ou realizados por iniciativa individual, o conjunto de regras associadas à forma como investe num produto para a reforma, fazendo parte do plano de pensões também o conjunto de regras pelas quais pode movimentar essas quantidades. Estas últimas regras são muitas vezes condicionadas pela legislação em vigor, ou seja, são as próprias condições para movimentação que a legislação prevê.

Os fundos de pensões são o instrumento financeiro que concretiza o plano de pensões. Podem ser constituídos de várias formas e há legislação específica para este tipo de produtos. De um modo geral, podemos dizer que os fundos de pensões são patrimónios autónomos destinados exclusivamente ao financiamento de planos de pensões. Dessa forma, os fundos de pensões constituem um conjunto de ativos financeiros cujo único objetivo é gerar rendimentos ao longo do tempo, com o processo de investimento para proporcionar o pagamento futuro dos benefícios previstos no plano de pensões.

A reforma é a principal contingência para a qual estão desenhados e concebidos os planos de pensões. O que não quer dizer que não possam estar previstas outras situações, como incapacidade, invalidez ou morte (neste caso, o valor reverte para os beneficiários previstos ou para os herdeiros legais).

Em determinados casos, os planos de pensões podem ainda prever pagamentos das quantias acumuladas em caso de desemprego de longa duração, doença grave ou incapacidade permanente para o trabalho.

A maior parte dos fundos de pensões permite bastante flexibilidade nas contribuições. Podem ser contribuições pontuais ou regulares, normalmente designadas periódicas. Esta última modalidade é a mais interessante, uma vez que a poupança é consistente e permite diversificar o valor das subscrições, mitigando-se, por exemplo, o feito de volatilidade nas cotações ao diluir o efeito de subscrever em momentos em que as unidades de participação estão altas.

No entanto, é sempre possível combinar as duas modalidades e modificar, quer a quantia, quer a periocidade das contribuições regulares a qualquer momento, e a maior parte dos fundos permitem até que se suspendam as contribuições em qualquer momento, retomando-as quando considerar.

Uma vez verificada a existência da circunstância que permite o reembolso, este pode ser efetuado de uma das seguintes formas:

Na forma de capital. Trata-se de uma modalidade em que o valor do fundo, incluindo contribuições e respetivo rendimento, é pago por inteiro.

Na forma de prestações regulares. Estas podem ser definidas por si de forma discricional, em valor e periodicidade mantendo-se até que o valor acumulado se esgote, funcionando esta modalidade como uma série de reembolsos parciais em capital.

Uma outra modalidade possível consiste em transformar o valor junto do fundo numa pensão, isto é, uma série de pagamentos regulares pagos vitaliciamente. Esta modalidade envolve o que se designa por renda vitalícia. Trata-se de uma modalidade mais complexa do ponto de vista técnico e envolve a contratação de um seguro especial, um contrato de rendas vitalícias que só uma seguradora de vida pode celebrar.

Finalmente, pode ainda reembolsar o fundo de forma mista, como combinação das duas soluções preconizadas acima, reembolsos em capital e pensão, de forma parcial.

Em algumas organizações, parte da remuneração do CEO e/ou de outros elementos, é feita mediante a contribuição para um fundo de pensões. Em alguns casos, por cada unidade monetária colocada no fundo, em nome do beneficiário, o beneficiário coloca também um valor. Pode ser inferior ou superior. Pode ainda dar-se o caso da totalidade do valor ser colocado pela organização. O interesse deste tipo de remuneração tem essencialmente a ver com os incentivos fiscais, quer para a empresa, quer para os colaboradores. De qualquer forma, e tendo em consideração a diminuição de rendimentos que a reforma pode acarretar, este tipo de iniciativa pode ser interessante.

Em algumas organizações, também podem existir fundos de pensões que cubram uma saída obrigatória (por idade) inferior à idade de reforma. Assim, fica assegurado que os executivos receberão um valor, até poderem receber a sua reforma.

Fecha-se, assim, com a análise de factos que se referem às remunerações dos executivos de topo, este livro que procurou fazer uma visita guiada ao tema das remunerações e incentivos. Como se viu, o alinhamento de interesses a todo o nível das organizações é fundamental para a maximização do resultado das organizações. E o conceito de organização, em vez do mais comum conceito de empresas, é utilizado porque todos estes princípios se aplicam, também, a organizações sem fins lucrativos, seja qual for a sua finalidade ou vocação.

O alinhamento de interesses é crucial no governo do que quer que seja.